Laroyê!
Exu e Pombagiras

RICARDO HIDA

Laroyê!
Exu e Pombagiras

ALFABETO

© Direitos Reservados à Editora Alfabeto 2025.

Direção Editorial: Edmilson Duran
Preparação: Gabriela Duran
Revisão: Karina Gercke
Ilustração da capa: Isabella Fowler
Diagramação: Décio Lopes

DADOS INTERNACIONAIS DE CATALOGAÇÃO DA PUBLICAÇÃO

Hida, Ricardo

Laroyê! Exu e Pombagiras / Ricardo Hida – 2ª Edição. Editora Alfabeto, São Paulo/SP, 2025.

ISBN 978-65-87905-66-2

1. Religião afro-brasileira 2. Umbanda 3. Candomblé I. Título

Todos os direitos reservados, proibida a reprodução total ou parcial por qualquer meio, inclusive internet, sem a expressa autorização por escrito da Editora Alfabeto.

www.editoraalfabeto.com.br

EDITORA ALFABETO
Rua Ângela Tomé, 109 - Rudge Ramos | CEP: 09624-070
São Bernardo do Campo/SP | Tel: (11)2351.4168
editorial@editoraalfabeto.com.br

Sumário

9 | *Introdução*

15 | CAPÍTULO 1 | **O Orixá Exu**
15 | Quem é o Orixá Exu?
18 | Como se manifesta Exu na Natureza?
20 | Como Exu se manifesta no corpo humano?
22 | Por que Exu tem nomes diferentes nas religiões africanas?
25 | Exu não é o diabo?
30 | Existe uma relação entre Exu e o planeta Mercúrio?
30 | Por que representam Exu como diabo?
32 | Exu incorpora nos terreiros?
32 | Quer dizer que existe diferença entre o Orixá Exu e os espíritos chamados de exu?
34 | Quem são os filhos do Orixá Exu ou Elegbara?
37 | O Orixá Exu rege algum chacra?
38 | A Pombagira também é Orixá?
39 | Os assentamentos de Exu nos terreiros
41 | Qual a relação de Exu com o jogo de búzios?

43 | CAPÍTULO 2 | **As entidades exus e pombagiras**
43 | Quem são as entidades que se apresentam como exus?
46 | Qual a diferença entre exu, egum e kiumba?
47 | Como se dividem os exus?
55 | Quem são as entidades que se apresentam como pombagiras?
58 | Como se dividem as pombagiras?
61 | Todo mundo tem exu e pombagira?
62 | Por que exus dão gargalhadas?
63 | E os exus que falam palavrões?

65 | Se os exus não têm nada de diabólicos, por que se apresentam com roupas vermelhas e pretas?
69 | Se as pombagiras não são prostitutas, por que são tão sensuais?
70 | O que é a Quimbanda?
73 | Por que se fala que tem que se pagar para os exus?
74 | O que são os pontos riscados de exus?

79 | CAPÍTULO 3 | **O trabalho da Esquerda**
79 | Por que se fala de Esquerda e Direita na Umbanda?
80 | Os rituais são feitos somente à noite?
80 | Quais são as comidas de exu?
81 | Quais são as comidas das pombagiras?
81 | Que outros elementos são utilizados nos cultos de exu?
84 | Onde são os campos de trabalho dos exus?
84 | Por que mesmo nos rituais da Direita se trabalha com exu?

87 | CAPÍTULO 4 | **Exu Mirim**
87 | Quem é Exu Mirim?
89 | Qual a diferença entre Exu Mirim e os Exus?
90 | Como se dividem os Exus Mirins?
92 | Quais as comidas para Exus Mirins?
93 | Quais os outros elementos de culto aos Exus Mirins?

95 | CAPÍTULO 5 | **Rezas, pontos e cantigas para a Esquerda**
127 | Rezas para Pombagiras

131 | CAPÍTULO 6 | **Rituais para Exu**
133 | A preparação
136 | Para fazer uma defumação com as energias de Exu
137 | Rituais para limpeza espiritual
146 | Rituais para abrir caminhos
148 | Rituais para prosperidade
153 | Rituais para atrair amor
158 | Rituais para ter foco

163 | CAPÍTULO 7 | **Lendas de Exu**
164 | Exu traz aos homens os jogos de búzios
165 | O filho primogênito
166 | Exu e a criação
167 | Exu confunde Oxum, Iansã e Iemanjá
168 | Exu é recompensado por Oxalá
168 | Como surgem os ogãs
169 | Exu cria os órgãos sexuais
170 | Exu transforma Oxum em pomba
170 | Exu e a disputa de oferenda
171 | Oxalá dá a Exu o direito de ser o primeiro
171 | Exu e os animais de cada Orixá
172 | Ogum, Oxóssi e Exu eram irmãos e filhos de Iemanjá
172 | Lenda de Exu Ijelu
173 | A parceria de Exu e Xangô
175 | Exu se torna protetor dos viajantes
175 | Por que Exu não deve viver na Casa de Oxalá
176 | Causos de Exu
184 | Mensagem do Sr. Sete Encruzilhadas
185 | Mensagem de Dona Quitéria
187 | Mensagem do Sr. Exu Caveira
188 | Mensagem de Dona Maria Padilha
189 | Mensagem do Exu Brasinha

191 | *Glossário*
194 | *Informações adicionais*
194 | Nomes dos filhos de Exu
196 | Lista de Ervas de Exu
205 | Lista de Ervas de Pombagira
206 | Pedras de Exu

Nota ao leitor

Na língua portuguesa há diferentes maneiras de se escrever a saudação para Exu. Há autores que utilizam *laroiê*, que é forma presente nos dicionários atuais, outros preferem *laroye* e tem ainda aqueles que, como eu, optem por usar *laroyê*.

Trata-se de um vocábulo de origem iorubá e a escolha de utilizar a grafia *laroyê*, com "y" e acento circunflexo no "e", foi para honrar a tradição, uma vez que essa era a forma mais utilizada por diferentes pais e mães de santo no passado.

Introdução

Laroyê!

Nem seria possível começar um livro, ainda mais falando de Exu, sem saudar o Orixá dos Caminhos e os espíritos que trabalham com essas forças.

A saudação significa "Mensageiro!". E na Umbanda vem acompanhada de Mojubá – "Meus respeitos".

Esta obra busca reunir conhecimentos sobre O Mensageiro, sempre com todo o respeito.

Sua realização trouxe inúmeros fatos muito interessantes, que mostram a verdade naquilo que foi escrito. A começar que os exus nos guiam, não o contrário, embora os sinais da espiritualidade sempre se manifestem apenas para quem está aberto a recebê-los.

Com frequência pude constatar tal verdade, ainda que, por teimosia, ou burrice, quisesse ignorá-la. As forças divinas e seus emissários conhecem melhor as situações que vivemos e seus possíveis desdobramentos no futuro, muito melhor que nós, encarnados. Ainda temos restrições em nossa consciência e, embora estejamos buscando cultivar e manter a lucidez, não importa a circunstância, falta muito para alcançar a sabedoria dos nossos mentores.

Assim que terminei meu primeiro livro, *Guia para quem tem guias – Desmistificando a Umbanda*, em que falo de Orixás, dos guias e demais dúvidas da religião, fui informado pelo meu guia,

Pai Antônio de Angola, um sábio, generoso amigo espiritual, que se apresenta como preto velho, que a obra, então lançada, seria a primeira de uma série que elucidaria muitas dúvidas sobre espiritualidade independente e elementos das religiões de matriz africana.

Embora não fossem psicografado, os livros seriam orientados por ele e outros amigos espirituais que me acompanham nos trabalhos que realizo mediúnica e gratuitamente no CELV – Centro Espiritualista Luz e Vida. Seu Sete Encruzilhadas, o guardião que me orienta e protege, seria responsável pelo segundo livro, falando sobre exus e pombagiras, juntamente com Dona Maria Quitéria, a Pombagira que me protege.

Não era preciso me preocupar com o projeto, disseram-me eles. O conteúdo e a estrutura me seriam apresentados na hora certa. Eu apenas deveria estar disponível e preparado para quando chegasse o momento.

Depois disso, novos projetos surgiram, como o programa sobre astrologia e espiritualidade.

Há livros preciosos sobre o assunto. Escritos por gente muito séria, embora também haja muita bobagem nas prateleiras. Grande parte da literatura disponível é voltada para os iniciados no Candomblé e para médiuns da Umbanda, o que pode causar certa dificuldade de compreensão para quem apenas quer aumentar seu conhecimento no assunto.

A proposta desta obra é outra: um guia com perguntas e respostas sobre o Orixá Exu, os espíritos que se apresentam como exus e pombagiras e as energias que eles representam.

Não é objetivo meu, tampouco da obra, impor conceitos ou verdades. Respeitamos as diferentes tradições e fundamentos dos inúmeros terreiros, roças e centros. Busco apenas trazer diferentes olhares, reflexões sobre esse Universo Sagrado, apresentando de forma respeitosa aos iniciados e ao grande público, leigo no assunto, como se relacionar com a energia de Exu. Se a casa que você frequenta pensa diferente, e você concorda com eles, ótimo; podemos ser amigos, mesmo assim.

Reúno conhecimentos de diversas tradições, buscando pontes, não muros. Respeitando todas as leituras éticas e honestas sobre Exu, trouxe aquelas que estão presentes na minha tradição.

Até porque Exu não é exclusividade de nenhuma religião. Engana-se quem acha que é apenas uma divindade africana, cujo culto é feito apenas por "gente do santo". Trata-se de uma Força da Natureza, como veremos no Capítulo 1, presente em todo o Universo e no corpo humano. Tradições distintas, em muitas épocas e lugares distantes, também cultuavam essa força, com nome e métodos diferentes. Os hindus, por exemplo, têm em Shiva uma divindade com características similares às do Exu. Os celtas, os gregos, os romanos e mesmo os egípcios também possuíam em seus cultos divindades com características próximas às desse Orixá africano.

Vamos tratar de Exu aqui como uma Força da Natureza, que não pode ser ignorada porque é uma expressão divina que traz vida, saúde e prosperidade.

A força deste Orixá, que não tem forma humana e recebe uma representação antropomórfica conforme a região, quando bem administrada, traz grandes realizações. Embora, veremos que além do Orixá Exu, uma Força da Natureza, há espíritos que se intitulam como exus. São indivíduos desencarnados que conhecem com profundidade tal força e trabalham com ela no dia a dia. Por isso Exu enquanto Orixá sempre será em letra maiúscula e exu, na forma de espíritos, será grafado em minúsculo.

Não há no Brasil quem não tenha ouvido falar de exu, assim como das pombagiras. Mas a imensa maioria das pessoas tem informações equivocadas sobre eles. Em época de *Fake News* é preciso também recuperar a verdade sobre o primeiro Orixá a ser reverenciado nas religiões de matriz africana e sobre espíritos de mestres, cujo objetivo na Umbanda é o de também servir a Deus.

Veremos que muitas foram as razões que transformaram Exu de forma triste e lamentável na representação do mal. Trazer as verdades sobre o Orixá, que em nenhum momento é adversário do Bem, muito pelo contrário, é seu defensor, tornou-se nossa maior missão.

Conhecer Exu é também combater o preconceito racial. Já que muitas coisas que vieram do universo africano, inclusive elementos sagrados, foram considerados menores, quando comparados à produção intelectual, artística e moral das culturas eurocêntricas. Por vezes, repito: por que meu anjo da guarda não pode ser um índio ou um velho africano negro?

Não é raro ouvir que "Orixá é coisa de gente ignorante" ou ainda se referir a religiões de matriz africana como "essas coisas", em profundo desrespeito e ignorância sobre uma tradição mais que milenar. Passou da hora de mostrar a infinita sabedoria e riqueza das culturas africanas, que foram marginalizadas, deturpadas e estigmatizadas por pessoas ignorantes e sem moral.

Fundamental lembrar que os maiores estudiosos de Exu e dos demais elementos das religiões de matriz africana foram etnógrafos, sociólogos, cientistas e antropólogos europeus. Gente, como se dizia no passado, de muito conhecimento, respeito e gabarito.

Agora é preciso lembrar que estudar Exu exige livrar-se dos preconceitos. Abrir a mente para olhar sem maldade, malícia e morbidez para a vida, o sexo, a morte e o conceito de revolução.

Exu é liberdade, Exu é empreendedorismo, Exu é alegria. Exu é a força que incentiva a humanidade para o progresso e para a autorresponsabilidade.

Exu é Orixá que nos leva a uma nova era: sem mentiras, sem manipulação e de respeito à Natureza. O que os astrólogos chamam de Era de Aquário, onde não há espaço para muros, preconceito e prisões.

E, como sempre lembro, nada pode ser feito sozinho.

Aproveito para agradecer sempre a Deus, a Jesus, a Nossa Senhora, a São Miguel Arcanjo, aos Orixás, Protetores e Guias, por este livro.

Meu muito obrigado eterno aos meus pais, Teruo e Mércia, minhas irmãs, e ao Cássio, companheiro que está sempre ao lado, construindo um mundo melhor, e que foi fundamental nesta obra.

Obrigado também a Isabela Fowler, Guilherme Camargo, Thamires, Pedro Rodrigues, Vilena Nery e aos demais médiuns do

CELV – Centro Espiritualista Luz e Vida, por todo apoio nesta e em outras obras.

E que Exu possa abrir os caminhos do conhecimento para você, a quem o livro chegou às mãos, na certeza que é hora de assumir responsabilidade total sobre sua vida e promover uma revolução que permita trazer luz e consciência.

Laroyê! Mojubá!

OBSERVAÇÃO: em alguns trechos utilizaremos o termo "magia negra" no sentido histórico. De forma alguma estamos compactuando com qualquer ideia racista, que além de criminosa é espiritualmente abominável. O termo não se refere à cor, mas à ausência de luz, no sentido de treva ou escuridão.

CAPÍTULO 1

O Orixá Exu

Quem é o Orixá Exu?

É comum nos terreiros de Candomblé e Umbanda ouvirmos falar que sem Exu não se faz nada. Nada pode ser mais verdadeiro. Da mesma maneira que não se começa nenhum ritual de matriz africana sem que o Orixá seja reverenciado em primeiro lugar. Os itans – as lendas africanas contadas nos terreiros que tentam explicar a razão disso – são muitos: desde a justificativa de que Exu é o mensageiro que leva os pedidos dos homens aos demais Orixás, até a falsa ideia de que, sendo ele muito vaidoso, e não cultuado como primeiro, seria capaz de armar uma série de confusões no mundo só por desaforo.

E é aí que precisamos lembrar que lendas africanas são... lendas. São histórias que os antigos contavam para explicar fenômenos naturais. Isso é da essência humana, e aconteceu na África da mesma maneira que em outros povos, na Europa, na Ásia, na América e na Oceania acreditavam que as estrelas eram olhos das divindades ou que a chuva era o choro de alguma deusa.

Para o homem moderno, africano ou ocidental, que se debruça no estudo das religiões africanas, Exu, também conhecido como Elegbara, assim como os demais Orixás, é uma Força da Natureza e a expressão de um Deus Único, chamado Olorum, Eledumare ou Zambi, dependendo do país de origem dos africanos.

Daí que não se pode falar em religião politeísta, já que o mundo, para os africanos, surgiu a partir de um princípio único e absoluto.

Orixás passam então a ser expressões distintas dessa divindade. São como os órgãos de um mesmo corpo, com funções diferentes.

Agora, fica a pergunta: sendo uma Força da Natureza e expressão de um Deus perfeito, que não teria vaidades e tampouco melindres, por que Exu é sempre invocado no início de cada ação?

Exu é um Orixá que rege a libido, conceito muito estudado na psicologia, e que pode ser entendido, grosso modo, como aquele fogo que brota do interior das pessoas, aquela vontade de construir algo, o impulso da ação e da conquista.

Em um exemplo muito simples, do dia a dia, é o combustível para movimentar algo. A chama que dá início à fogueira, a gasolina que faz um veículo se mover ou ainda o gás de um fogão.

E não precisamos lembrar que, quanto maior o combustível, por mais tempo ele poderá fazer um carro andar, ou um fogão funcionar.

Exu é, portanto, o fogo que vai dar início a uma jornada, a um ritual ou a um projeto. Sendo assim, qualquer coisa que se faça sem Exu não terá energia suficiente para perdurar.

Por isso as festas e giras de Exu, no Candomblé e na Umbanda, são tão frequentadas e aguardadas pelo público. Além da alegria que se vê nos rituais, as pessoas que deles participam, percebem também muita energia e saem prontas para enfrentar os desafios da vida.

Exu é conhecido como o Senhor do Fogo. E por essa razão se associa muito o Orixá ao poder, ao sexo e, também, às confusões.

O fogo, na história da humanidade, é que permitiu ao homem ter mais poder diante dos outros animais, afastando de si principalmente as maiores e mais perigosas feras.

É esse elemento que também proporcionou maior qualidade de vida aos humanos. Na Pré-História, era o fogo que iluminava e aquecia as cavernas e grutas e que permitiu que alimentos não fossem comidos crus.

Mas o fogo também, sem consciência, pode destruir matas e a própria vida humana. Daí que lidar com Exu também exige muita consciência, ética, disciplina, perspicácia e inteligência.

Por essa razão o Orixá Exu é conhecido por usar dos recursos de forma perspicaz e lúcida. De um jeito que ninguém nunca tinha pensado antes. Tal inteligência e astúcia foram reconhecidas nas lendas, por todos os Orixás.

Um ditado na África diz que Exu atirou a pedra amanhã para acertar o pássaro ontem. Trata-se de um simbolismo para mostrar a Magia de tal Orixá, mas também sua capacidade de driblar obstáculos que aparentemente parecem intransponíveis.

Exu é também guardião. Era ele quem protegia os segredos de Orunmilá e quem guardava a casa de Oxalá. Assim como o fogo guardava os antigos palácios e templos.

Trata-se ainda de um Orixá que fala muito da liberdade e, portanto, dos caminhos. Muita gente, sem conhecer bem as tradições africanas, atribui a desordem a Exu. Trata-se de uma afirmação perigosa, que exige maior reflexão, que propomos a seguir.

Para muitos filósofos, o caos pode ser entendido como o excesso de possibilidades. Em um espaço vazio, por exemplo, não há caos. Em nossas vidas, se não há opções, não há problema, a questão naturalmente já está resolvida.

Do mesmo modo, na vida de uma pessoa sem grandes talentos e oportunidades não há nada caótico. Ela só tem que seguir o caminho que lhe foi imposto, sem precisar fazer escolhas. Já o processo confuso começa ao ter muitas potencialidades. Muitas opções e escolhas que devem ser feitas. Exu justamente fala de potência, de poder, de possibilidades.

E é por isso que, para muitas pessoas, Exu também tem a ver com a rebeldia: a vontade de romper com o passado, as tradições, trilhar novos caminhos, ter outras oportunidades, construir uma nova história. Escravos no passado não tinham possibilidades de escolha. Povos dominados são obrigados a seguir aquilo que lhes é imposto. Exu traz o fogo para as pessoas abrirem novas perspectivas, possibilidades de escolha e iniciarem novos projetos, sendo donas de si. O Orixá Exu convoca todos a assumirem seus poderes.

Exu nos ensina que ninguém é menos que o outro. As pessoas são diferentes entre si, mas com igual valor diante da Criação.

Ninguém pode ser explorado por quem quer que seja. Tudo deve ser trocado, negociado, com liberdade de escolha. Nada deve ser imposto, exceto no caso de pessoas que não possuem discernimento e são dependentes de outras, como as crianças diante dos pais.

Mas, no universo adulto, escolhas devem ser feitas gerando obrigações e benefícios para todos os lados.

Autoridade para Exu não tem a ver com autoritarismo, mas, sim, com poder, sabedoria, inteligência e vigor.

E é nesse momento que novamente se coloca a necessidade de Exu na vida de todos nós. Ao contrário do que muita gente pensa, inadvertidamente, autoridade tem a ver com a disciplina, principalmente por parte do líder. Não existe autoridade sem disciplina. E disciplina pede escolha.

Fica claro que, apesar de os africanos chamarem essa Força da Natureza de Exu, trata-se de algo universal.

Durante a História, os diversos povos cultuaram o fogo primordial como expressão divina, com distintos nomes, embora com certa similaridade na forma. Os hindus deram o nome de Shiva; na Grécia se cultuava Hermes; em Roma, Mercúrio e no Egito, Seth.

Os caldeus falavam de Baal; os sumérios, de Shulpae e os babilônicos, de Anzu.

Na mitologia japonesa, há Hinokagutsuchi e, para os povos nórdicos, Loki. Na Wicca, temos o Deus Cornífero; assim como Tohil, entre os maias.

Vários nomes para uma só força natural.

Como se manifesta Exu na Natureza?

Várias são as manifestações de Exu na Natureza, mas ocorrem principalmente em tudo que se refere aos elementos relacionados ao fogo, também chamados de "ígneos". Como veremos adiante, é por essa razão que as comidas oferecidas para o Orixá têm um teor de calor muito alto: cachaça, pimenta e dendê. São alimentos, que ingeridos, aceleram o metabolismo e aumentam a temperatura do corpo.

Vale lembrar que neste capítulo estamos falando do Orixá e não dos espíritos conhecidos como exus, gente que já viveu no nosso plano, dotados de consciência humana. Esses últimos têm campos de trabalhos específicos, como a falange dos exus Caveira, que trabalham nos cemitérios, ou dos exus das estradas, que, como o próprio nome indica, trabalham em rodovias, ferrovias e estradas de terra. Já o Orixá Exu está em todo lugar, inclusive dentro de nós.

Algumas escolas iniciáticas afirmam que o ser humano é um espírito que, quando encarnado, está em uma matéria (o corpo) sobre a qual a luz (consciência) e a sombra (inconsciência ou instinto) se equilibram.

Em outras palavras, podemos dizer que o espírito se abriga temporariamente em um corpo que comporta potência e consciência.

Neste caso, Exu seria a potência, o instinto, o inconsciente.

O Orixá Exu, também conhecido como Elegbara ou Bará, é a primeira força que cria o corpo físico e o estrutura. Trata-se de uma força que o médium Luiz Antônio Gasparetto chamava de "bicho" interno. Preste atenção: não usamos a palavra "bicho" no sentido pejorativo, como sendo algo menor – até porque os animais são dignos de todo o respeito – mas é a força que trabalha instintiva e inconscientemente para nos manter vivos.

Assim como no Xamanismo se fala em Animal de Poder, o Orixá Exu, dentro de nós, desperta a força da sobrevivência, a energia para manutenção do corpo e de sua integridade. Cada tradição traz essa força de algum modo. Os xamãs recuperam essa força usando como ferramenta a imagem de animais; já nas religiões de matriz africana, no momento do transe, é possível trazer o Orixá Exu que temos dentro de nós. Para quem não trabalha com essas vertentes espirituais, essa força se manifesta por meio de sensações pelo corpo – confortáveis ou desconfortáveis – dependendo do que ela quer dizer, *flashes* de consciência ou imagens da Natureza que surgem em nosso cérebro.

Um indivíduo que possui essa força desalinhada é alguém que pode se apresentar fragmentado, depressivo e sem viço. É aquela pessoa apagada, desanimada, que passa despercebida nos ambientes.

Trata-se de alguém facilmente dominado e que não tem disposição para lutar, construir um novo mundo ou trabalhar pelos seus sonhos. Pode sonhar muito, mas com pouco poder de realização. Pode ficar sentado esperando que milagres aconteçam ou ainda ficar esperando por ajuda de outras pessoas. É também alguém sem carisma, sem sensualidade. Quase que uma matéria inerte. Tão sem sabor, sem *sexy appeal*, quanto um legume ao vapor.

Naqueles momentos da vida em que ninguém nos nota, que se esquecem de nós nas listas de convidados, ou na distribuição de brindes, inclusive dos bolos de aniversário, é quando nossa ligação com Exu está bem enfraquecida.

Como Exu se manifesta no corpo humano?

Exu rege o sistema imunológico e o sistema reprodutor masculino. Tais fundamentos são facilmente compreendidos, já que esse Orixá tem uma função de guardião; nesse caso, do corpo e da vida. É ele o responsável pela libido e pela vitalidade de um ser ou de um projeto.

O sistema imunológico tem o objetivo de reconhecer agentes agressores ao corpo humano e defender o organismo da sua ação, sendo constituído por órgãos, células e moléculas que garantem essa proteção. Entre as células do sistema imunológico, encontramos os glóbulos brancos, ou leucócitos. As células do sistema imunológico são produzidas na medula óssea. Além dela, as tonsilas, as adenoides, o timo, o baço, as placas de Peyer e o apêndice são órgãos regidos por Exu.

Muitas doenças, incluindo as alergias, as doenças autoimunes, como lúpus, câncer e as imunodeficiências, surgem quando o sistema imunológico falha por alguma razão. Essa falha está relacionada com essa força inconsciente.

As alergias e as doenças autoimunes podem ser entendidas também como excesso de proteção do próprio corpo. Diante de uma situação aparentemente normal, o organismo tem uma reação violenta, exagerada, diante de um elemento estranho.

A violência, a agressividade, é aquele fogo interior sem controle, sem foco, sem direção, nem parâmetros, e é um problema que só pode ser resolvido com trabalhos para Exu.

Por outro lado, a baixa resistência, problemas na imunidade, podem ser entendidos como um fogo baixo, raso. Sentir-se sem proteção é também um assunto a ser resolvido com Exu.

Se atribuímos a esse Orixá o elemento fogo e também a ele a responsabilidade de proteger o corpo, nada mais natural que, diante de qualquer agente invasor no organismo, que possa gerar desequilíbrio no sistema, surja a febre, uma elevação da temperatura para aumentar as células que combatem vírus e bactérias, grandes predadores do homem. Nota-se aí como os fundamentos espirituais que estamos estudando podem ser verificados na própria Natureza.

Casos de impotência masculina também são de domínio de Exu. Não é à toa que na África o Orixá é representado por um homem com grande falo ou com o Ogó, um bastão com cabaças, que lembra o órgão genital masculino.

Tal Força da Natureza fala de potência e vigor. A impotência sexual se apresenta com frequência em duas situações: em um momento em que o indivíduo se sente inseguro de seu poder, de suas capacidades – pode ser na primeira relação sexual ou ainda diante de problemas profissionais e financeiros – mas também em um período da vida em que ele não acredita ter maiores projetos de vida, como na terceira idade.

Ou seja, a impotência, assim como qualquer outro problema no corpo, sugere que, além de causas físicas que devem ser primeiramente avaliadas por médicos, a relação do indivíduo com o seu Exu (coragem e impulso) não está afinada. Sendo uma força instintiva e inconsciente, a ereção é decorrente dessa força interior. Um homem, sem que haja estímulo físico ou mental, não consegue produzir o fenômeno. É uma reação instintiva.

Embora, repetimos, a medicina seja sempre a primeira e mais importante ferramenta de combate às doenças, não existe nenhum processo de cura sem a intervenção de Exu. Não importa o nome que se dê a ele ou a sua crença religiosa, essa força é responsável pela vitalidade, a integridade de nosso corpo astral.

As religiões de matriz africana possuem ritos próprios para trabalhar com esse Orixá, assim como os xamãs se utilizam de outras técnicas, mas a verdade que supera diferenças culturais é que estamos falando de um elemento responsável pela conexão da consciência com a inconsciência, pela fixação da luz na matéria.

Muitas pessoas que atacam Exu estão, na verdade, combatendo uma força natural que assegura a manutenção da vida e a proteção que cada um de nós tem.

Por que Exu tem nomes diferentes nas religiões africanas?

Sabemos que foram diversas as etnias africanas que chegaram ao Brasil no perverso episódio da escravidão. Os primeiros grupos vieram de Angola, o povo bantu. Em seguida chegaram ao nosso país o povo jeje mahi, cuja origem é o atual Benin – e mais recentemente, no século XIX, foram trazidos, da atual Nigéria, povo iorubá-nagô.

Aqui é preciso antes de prosseguir, se você não leu meu primeiro livro, dar uma rápida explicação sobre a Umbanda. Trata-se de uma religião, que mescla elementos do cristianismo, catolicismo e kardecismo – com códigos indígenas e cultos africanos. Já o Candomblé surgiu bem antes da Umbanda, quando os negros escravizados buscaram manter seus cultos no Brasil. O Candomblé não é uma religião que pode ser encontrada na África.

Mesmo hoje, na Nigéria, Angola ou no Benin, não se fala em Candomblé. Há o culto do Orixá, mas não o Candomblé como conhecemos. Os ritos, a liturgia, as roupas, trazem elementos históricos do Brasil colonial. Assim como hoje na África, no passado, cada povo, cada cidade, cultuava um Orixá específico. Oxóssi era cultuado por todos os habitantes de Ketu, Xangô era a grande divindade de Oyo, assim como Oxum de Osogbo. Foi no Brasil que todos os Orixás foram incluídos, para organizar as diversas crenças de mulheres e homens de diferentes origens, em uma mesma religião e um mesmo ritual.

Exu, no entanto, se manifesta com nomes distintos nas diferentes nações. Para os jeje-mahi, Exu é chamado de Legbá. Já para os Bantu, Exu se manifesta como Aluvaiá, Mavambo ou Pambu Njila.

O nome Exu é de origem nagô-iorubá e acabou sendo o mais conhecido de toda a população no Brasil.

Não importa qual a origem, em todos os terreiros e centros de Umbanda, exu – com diferentes nomes – cuida da proteção das casas e dos trabalhadores, da abertura de caminhos e do intercâmbio entre as diferentes dimensões (vivos e mortos, ou humanos e Orixás). Seja nos jogos de búzios ou nas incorporações nas festas e giras, exu é presença necessária.

Considera-se também que cada Orixá (veja no apêndice) tenha uma polaridade, ou seja, uma qualidade de Exu com a qual trabalha. Cada Orixá tem um Exu que lhe apoia as atividades, fornecendo, inclusive, o fogo para os respectivos trabalhos. Ao contrário do que muita gente pensa, Exu não é o oposto de nenhum Orixá, como Oxalá. Trata-se de uma força que dá sustentação e viabiliza a ação das demais Forças da Natureza.

Veja abaixo o Exu vinculado a cada Orixá, segundo algumas nações do candomblé:

- Ogum – Lonan
- Oxumarê – Emerê
- Xangô – Yangi
- Obaluaê – Obará Otuá
- Oxóssi – Ijamu
- Ossãe – Ilarê
- Obá – Lokê
- Nana – Jijidi
- Iemanjá – Lalu
- Oxum – Agbirê
- Ewá – Ijenã
- Iansã/Oyá – Ijelu
- Orunmilá – Obasin
- Logun Edé – Ijedé

- Iroko – Oro Igi
- Oxalufã – Agbagê
- Oxaguiã – Akesan

Há importantes e respeitáveis leituras da Umbanda, como a guaracyana que adoto, que se utilizam de outro entendimento e prática, igualmente coerentes:

- Ogum – Lonã
- Oxumare – Agbará
- Xangô – Yangi
- Obaluaê – Obará
- Oxóssi – Obaraketu
- Ossâe – Kaviongo
- Obá – Elebó
- Nanã – Inã
- Oxum – Jijidi
- Iemanjá – Kaleô
- Ewá – Igelu
- Iansã – Ogizé
- Tempo – Sinzamuzila
- Ifá – Obassim
- Oxalá – Akezan

Mas não podemos esquecer que há também outras qualidades de Exu que trabalham, com diversos Orixás, mas em situações muito particulares. São igualmente forças específicas da Natureza, invocadas por babalaôs, pais e mães de santo, em condições muito peculiares.

- Exu Agbá: o ancestral
- Exu Igbá ketá: o Exu da terceira cabaça
- Exu Okòtò: o Exu do infinito
- Exu Obá Babá: o rei de todos os Exus
- Exu Odàrà: o Senhor da felicidade ligado a Oxalá
- Exu Òsíjè: o mensageiro divino

- Exu Elérù: o Senhor do carrego ritual
- Exu Enubarijó: a boca dos Orixás
- Exu Elebará: o Senhor do poder mágico
- Exu Bará: o Senhor do corpo
- Exu Olobê: o Senhor da Faca
- Exu Elebó: o Senhor das oferendas
- Exu Alafiá: o Senhor da satisfação material
- Exu Oduso: o Senhor que vigia os Odus

Exu não é o diabo?

O diabo é uma invenção do mundo ocidental. Para os africanos, não existe uma entidade que possa se igualar ou enfrentar Deus, Olorum, que é o Ser Supremo. Na Umbanda também não se acredita que uma força queira se rebelar eternamente contra o Criador. O espiritismo kardecista, na essência, que influenciou o surgimento e a doutrina na Umbanda, acredita na existência de um Deus Único, causa primeira de todas as coisas, cujo atributo é a Perfeição. Trata-se do Princípio Maior, do qual tudo decorre, como o Amor, a Generosidade e o Perdão. Dele não pode sair jamais o mal absoluto.

Aquilo que chamamos mal, como entendemos, trata-se de ignorância das leis divinas. Para você entender melhor, imagine um lugar em que tudo fosse branco e você tirasse uma foto. Seria impossível identificar as diferentes pessoas e objetos. Só com outra cor é que verificamos as diferenças. O mal se apresenta como limite para identificar o bem. Os momentos de tristeza também existem para aprendermos a valorizar os momentos de alegria.

Obviamente reconhecemos a existência de espíritos ignorantes, moralmente fracos e iludidos, que acreditam na violência, na maldade, no pessimismo, mas não são demônios. Na Terra são ladrões, assassinos e corruptos. Mas é um estado temporário em que eles vivem, perdidos na ilusão, na ignorância. Não importa quantos milhares de anos se passem, ou quantas reencarnações terão, algum dia encontrarão a luz e se tornarão espíritos bons.

Essa é a Lei da Evolução. Ninguém foi criado necessariamente mau e menos ainda permanecerá na ignorância para sempre. Esses espíritos, ainda presos na falta de inteligência ou na ausência de sabedoria, não têm superpoderes, tampouco são divindades.

Essas almas são conhecidas como obsessores ou "encostos". Não entenderam como funciona o Universo, suas leis, e querem prejudicar os outros. Mas seu campo de atuação depende de como os encarnados, nós aqui na Terra, lidam com a vida. Se somos desonestos, maldosos e mesquinhos, atrairemos a companhia de almas na mesma sintonia. Por outro lado, se agimos corretamente com a Natureza, nós próprios e os outros, o poder dos espíritos maldosos não pode nos alcançar.

Por mais revoltante ou doloroso que possa parecer, lembre-se: em todas às vezes que o mal te pegou, você não estava fazendo o seu melhor. Todas às vezes que algo ruim aconteceu comigo, foi porque eu estava com baixo astral, pessimista, teimoso ou com raiva. É a tal da lei de sintonia ou princípio da afinidade de frequência vibratória. Muitas vezes pagamos o preço por termos agido por impulso, ou desconsiderando nossa intuição. Pode ser também que não sabíamos respeitar o livre arbítrio dos outros ou as normas coletivas. Deus só permite a companhia de obsessores para aprendermos a ter disciplina e discernimento para pensar de forma mais iluminada, escolher apenas sentimentos bons e agir corretamente.

Mas essa situação, repleta de confusão e ignorância temporária, nada tem a ver com Exu, um Orixá, que, como vimos, é a expressão de Deus.

Os ocidentais resolveram deturpar a ideia de Exu, transformando-o em expressão do mal por uma razão simples: os africanos vieram para a América escravizados. Tudo o que o europeu não queria é que esses homens e mulheres vendidos como escravos pudessem se sentir fortes, potentes, livres e senhores de seus próprios caminhos.

Resolveram, portanto, chamar de diabólico o culto a Exu. Demonizaram essa força, com medo de que os escravos pudessem se revoltar. Exu nunca foi representado na África com chifres, pés de bode, como fizeram aqui no Brasil.

Os africanos acham divertido quando mostramos as imagens que fazemos de Exu, com feições diabólicas.

Para se ter uma ideia, em um dado momento da História, a população do Brasil era de 13 milhões de pessoas, dos quais menos de 3 milhões eram brancos livres. Como não houve, igual ao que aconteceu no Haiti, país na América Central, ex-colônia da França, com grande número de escravos, por exemplo, um levante, uma revolução? É possível entender que as pessoas escravizadas aqui estavam desarticuladas, sem poder. Há quem diga que isso se explica porque tiveram suas forças espirituais, a sua expressão de Deus, chamadas de diabólicas, e delas se afastaram.

Sempre digo no terreiro que dirijo que é nossa obrigação respeitar todas as religiões e crenças que preguem a ética e o amor. Quando se tira de um indivíduo aquilo que ele considera sagrado, as consequências podem ser funestas. Ele pode perder a confiança nas forças da vida, entrando em um processo complicado de autossabotagem e destruição.

Toda vez que há um combate religioso, uma das partes quer dominar a outra e impedir que as pessoas sejam fortes, livres e saudáveis.

Isso ainda acontece, infelizmente, hoje, nas religiões fundamentalistas que querem dominar os outros e esperam que seus seguidores fiquem subjugados por meia dúzia de homens. Criam o medo, inventam infernos imaginários e tentam transformar em diabólicas forças que empoderam mulheres e homens.

No filme *O Nome da Rosa*, baseado no livro do escritor italiano Umberto Eco, um monge explica por que matou muitos companheiros do monastério. Como se sabe, antes da invenção da imprensa, por Gutenberg, no século XVI, todos os livros eram copiados por monges. E para que uma obra de comédia de um filósofo grego nunca fosse descoberta pelo mundo, ele matou todos os que tiveram acesso a ela. "Pessoas felizes, que riem, não têm medo de nada. E se não têm medo de nada, precisam pouco da religião" – disse o vilão.

Não é de hoje que se deturpam conceitos para manipular informações e exercer domínio sobre pessoas. Não somos, em absoluto, contra qualquer igreja ou religião. Em todas as crenças encontramos pessoas excelentes, mas também pessoas mal-intencionadas. Aqui chamamos a atenção e convidamos apenas para a reflexão de como a humanidade pode distorcer fatos e demonizar adversários.

Fake news não é algo novo. E dizer que é "do mal" quem não pensa igual a você é também uma prática bem antiga.

Veja o caso da palavra demônio. Ela vem do grego *daimon*, que significa espírito. Na Antiguidade era comum que as famílias rezassem para os espíritos de seus antepassados e para os chamados gênios protetores, hoje conhecidos como anjos da guarda ou mentores. Assim como muitos fazem em seus lares. Mas, para coibir tal prática, atuaram para que espíritos fossem associados a demônios.

Da mesma forma, a maioria dos nomes dados ao "diabo" é de deuses de diversas culturas, no Ocidente e Oriente. Essas divindades nem eram maléficas, mas não eram o Deus católico. Obviamente a Igreja, para combater as diferentes religiões e obrigar a todos a seguir um único papa, criou a ideia de que qualquer sagrado que não fosse católico era a expressão e a ação de forças destruidoras e maldosas.

No século XVI, o bispo alemão Peter Binsfeld atribuiu aos sete pecados capitais os respectivos demônios, chamando-os de Príncipes do Inferno.

São eles:

- Asmodeu – soberano da luxúria
- Azazel – soberano da ira
- Belfegor – Senhor da preguiça
- Belzebu – Senhor da gula
- Leviatã – Senhor da inveja
- Lúcifer – Senhor do orgulho
- Mamon – Senhor da avareza

O conceito de diabo católico não existe nem na religião judaica. Aliás, como todos sabemos, a versão da Bíblia que chegou até nós, é muito diferente das versões originais. A cada século e a cada tradução, adaptações foram feitas. É só lembrar que a Bíblia dos católicos é diferente daquela dos evangélicos.

Asmodeu, por exemplo, era um anjo na religião da Antiga Pérsia. Azazel, por sua vez, era o nome do bode que levou, a pedido de Deus para Aarão, todas as expiações do mundo para o deserto. Daí inclusive a expressão "bode expiatório", aquele que carrega culpa pelo erro de todos. Pensando bem, é o que gostaríamos de ter, alguém sobre quem jogássemos a culpa dos nossos fracassos e erros.

Já Belfegor era uma divindade moabita, povo que morava onde hoje é a Palestina e que era inimigo dos antigos hebreus. O nome Belzebu, por sua vez, era dado pelos judeus a qualquer "deus estrangeiro". Ou seja, o "Deus que não é o nosso" é um Belzebu.

Para os fenícios, que habitavam a região onde hoje é o Líbano, Leviatã era um monstro marinho, na forma de um dragão, responsável pelos maremotos e demais tempestades no oceano.

Lúcifer (*lux fer.*, que significa "mensageiro da luz" ou "estrela da manhã") era como os babilônios chamavam o planeta Vênus, visto até hoje em dia ao amanhecer. Como sabemos, os antigos olhavam para o céu e consideravam os planetas como divindades. O planeta Vênus, por conta de seu brilho, foi chamado de deusa da beleza e do amor por gregos e romanos. O mesmo acontecendo com Tasmetu, na Babilônia. Muito tempo depois, Jesus também fora chamado de "estrela da manhã". Como a Igreja queria combater a fé que não fosse sua, criou a história de que Lúcifer, o mais lindo dos anjos do Senhor, querendo ser como Deus, caiu dos céus para o inferno, sendo a expressão máxima do orgulho.

E Mamon, no hebraico, significa dinheiro. Perceba o absurdo. É como se, no futuro, alguém dissesse que um dos nomes do Satã é dólar, euro e real. Aqui se vê claramente também a estratégia de considerar a riqueza material um mal e obrigar que as pessoas fizessem doações para líderes religiosos para não ter o mal junto de si.

Existe uma relação entre Exu e o planeta Mercúrio?

Há plantas, pedras, cores, sons e até planetas que vibram na mesma frequência dos Orixás. Na Astrologia entendemos Mercúrio como o planeta que tem a ver com Exu. É o planeta mais rápido em torno do Sol, aquele que está mais próximo – ou seja, resistente às explosões e irradiações solares – e que nos mapas astrais fala da comunicação, dos negócios e da jovialidade.

Os raros pais e mães de santo que também são astrólogos conseguem perceber que muitos trabalhos são solicitados para Exu quando o planeta Mercúrio recebe aspectos negativos de outros planetas nos trânsitos astrais de um indivíduo.

Um mapa astrológico natal com um Mercúrio complicado é forte indício de que a pessoa tem dificuldade em lidar com o Orixá Exu em sua vida.

Por que representam Exu como diabo?

No Candomblé, as imagens que representam Exu trazem a virilidade masculina, o vigor físico, a juventude e a riqueza. Nada semelhante às representações dos demônios cristãos, em que Exu aparecia com chifres, pés de bode, asas de morcego.

Para os religiosos ocidentais da época, a imagem da santidade era aquela de homens velhos, magros, barbados, pobres e com expressão de sofrimento. Nenhum santo poderia ser forte, musculoso, com aparência de prosperidade.

O que impressionava os primeiros homens brancos, que se deparavam na África com representações do Orixá, no século XVI, era o pênis desproporcional nas imagens, chamado na ciência de priapismo. No mesmo período, na Europa, a nudez era punida nas esculturas e nas pinturas. Por influência da Igreja, os seios femininos e órgãos genitais eram cobertos por folhas ou tecidos, daí a folha de parreira cobrindo os órgãos genitais de Adão e Eva no Paraíso.

Em um determinado período da História, quando se permitiu a nudez, o órgão sexual masculino era representado, mesmo nas imagens de homens adultos, como se fosse igual ao de meninos antes da adolescência. Pequenos, sem pelos pubianos.

Tal fato pode ser facilmente constatado na famosa estátua de David, esculpida por Michelangelo, ou nas pinturas da Capela Sistina.

Tal aberração estética é explicada, uma vez que, naquela época, com reflexos ainda hoje, a sexualidade e o corpo humano sempre foram motivos de tabu para o Ocidente; e o sexo, uma ferramenta de satanás, para alguns grupos ainda muito ignorantes.

Na Umbanda, por influências históricas, já que a maioria dos sacerdotes viera da Igreja Católica, as imagens de Exu também ainda são muito parecidas com imagens diabólicas. Trata-se de um erro histórico que as novas gerações tendem a consertar.

Da mesma maneira, há alguns desinformados que, mesmo hoje em dia, não se relacionam com "exus e pombagiras" com a mesma honra e devoção que consagram às demais entidades, como caboclos, pretos velhos, boiadeiros, baianos, marinheiros e crianças.

Acreditam que não podem ter uma representação de Exu no mesmo altar em que estão fundamentos dos outros espíritos.

Há, infelizmente, até mesmo quem, ainda hoje, reze para Exu fora da casa ou se recuse a bater cabeça ou se curvar diante dessas entidades, como fazem diante de caboclos e pretos velhos. Grande erro. Não são exus e pombagiras protetores e trabalhadores do bem? Lógico que sim! Por isso é incompreensível que ainda se conservem preconceitos injustificáveis.

Em muitos templos, a tronqueira, onde se colocam os fundamentos dos Exus, é bem menor, quando comparada ao altar principal, como se tais entidades fossem serviçais das demais. Graças a Deus e aos Orixás, aos poucos, as concepções vão mudando.

Até porque, se uma religião não acredita no demônio, ela não pode, de forma alguma, representar essa força e sequer temê-la. Como se pode ter medo de algo que não existe?

Exu incorpora nos terreiros?

Nos terreiros de Candomblé, existem filhos e filhas de Exu. E esse Orixá, assim como Ogum, Oxóssi, Iansã, Iemanjá, também incorpora, ou na linguagem de axé, "vira" em seus filhos.

Na Umbanda mais tradicional e antiga, que cultua apenas sete Orixás, não se incorpora o Orixá Exu. Mas hoje, com interpretações diferentes da religião – muitas por conta da história, vivências e reflexões dos seus dirigentes – é cada vez maior o número de centros de Umbanda que cultuam mais Orixás – em torno de dezesseis.

Dessa maneira, veem-se também os Exus – como expressão de Orixá e não de espíritos – também incorporando na Umbanda.

Diferentemente dos espíritos, também chamados de exu e pombagiras, sempre com letra minúscula, assim como se usa para mencionar caboclos e pretos velhos, o Orixá não fala, não dá passe, não fuma e nem bebe.

É sempre importante lembrar que Orixá, enquanto Força da Natureza, nunca viveu na Terra como ser humano. Já as entidades de exus e pombagiras, sim. Elas já reencarnaram e continuarão a reencarnar. Os espíritos são dotados de consciência e os Orixás, não. Ao menos, a humana, como conhecemos.

Quer dizer que existe diferença entre o Orixá Exu e os espíritos chamados de exu?

Sim, existe o Orixá Exu, mas também espíritos chamados de exus. Trata-se de espíritos de guias – ou mentores, se preferir – que trabalham na proteção dos terreiros e dos centros espíritas. Também são espíritos que, embora sirvam às Forças Superiores, escolheram viver em zonas vibratórias espirituais mais pesadas, para manter a segurança e a ordem em lugares que podem ser atacados por espíritos maldosos e ignorantes. Grosso modo, imagine o papel dos policiais em comunidades e bairros perigosos, que lá fazem ronda para assegurar a proteção da população diante das investidas de traficantes e demais criminosos. É mais ou menos assim o trabalho dessas entidades.

Estamos falando de grandes conhecedores dos fundamentos do Orixá Exu, que dominam os trabalhos com o elemento fogo e as sombras.

Vale lembrar que aqueles espíritos zombeteiros, ignorantes, "encostos" que se apresentam como exus, usam desse nome indevidamente. Espíritos farsantes podem se apresentar nos terreiros, nos centros kardecistas ou até nas igrejas evangélicas usando nomes famosos, assinando mensagens e até pintando quadros. Mas repetimos que não passam de pobres espíritos perdidos e sofredores, e os que neles acreditam são dirigentes ainda despreparados.

Aproveitando o tema, é preciso esclarecer que há também, por outro lado, manifestações se dizendo exus que podem ser grosseiras interpretações, em igrejas e programas de TV, promovidas por charlatães.

Outras vezes, não existe espírito, mas quem "recebe" não faz por mal. É o que se chama animismo. Um indivíduo acredita, inconscientemente, que está incorporando algo ruim, até para se sentir menos culpado pelas bobagens que faz na vida. Prefere acreditar e fazer os outros acreditarem que um espírito é responsável pelas confusões em sua vida, e não ele mesmo. Os comediantes do *Porta dos Fundos* criaram um vídeo em que um homem em adultério, com outras mulheres, é surpreendido pela esposa e imediatamente finge estar "incorporado" por espíritos ruins.

Infelizmente, tal situação, pode ser mais comum do que se imagina. São inúmeras as pessoas que fingem, ou não, incorporar espíritos, para se livrar das responsabilidades.

Cansei de ser chamado para conversar com tais entidades e perceber que não havia nenhuma manifestação mediúnica na situação. Isso acontece muito em nosso país, quando atribuímos nossos fracassos aos outros (políticos, "encostos", olho gordo e assim por diante).

Há quem ainda divida exus em "de Lei" e "pagãos" ou não doutrinados. Nada mais errado. Veremos em um próximo capítulo, especialmente dedicado a essas entidades.

O Orixá Exu é uma Força da Natureza em seu estado mais intenso e age na dinâmica divina. Quem ajuda os homens e mulheres a entender essa energia e melhor utilizar de seu axé para construir algo são os espíritos de exus e pombagiras.

Quem são os filhos do Orixá Exu ou Elegbara?

É um erro e até imaturidade atribuir responsabilidade aos Orixás pelos comportamentos humanos.

Obviamente Orixás, enquanto Forças da Natureza, carregam potencialidades. Cabe aos humanos aproveitar tais ferramentas e a partir de um desenvolvimento intelectual e ético, usar certos potenciais como habilidades que tragam, de forma sábia, prosperidade para todos.

Filhos do Orixá Exu são indivíduos carismáticos, perspicazes, alegres e impetuosos, que apreciam a vida, o humor e possuem enorme facilidade em lidar com dinheiro e negócios. São indivíduos que têm também muita vitalidade, sensualidade e, não raras vezes, a sexualidade aflorada.

Possuem muita sensualidade porque percebem facilmente as energias, positivas e negativas, de um ambiente em seu próprio corpo físico. A palavra vem do verbo sentir. Têm olfato, tato e paladar muito aguçados. Nas lendas africanas, Exu adora comer e se alimenta de tudo. O mesmo acontece com seus filhos: podem ser gulosos e *gourmets*. Apreciando iguarias finas, o toque de tecidos caros, sabores e bons perfumes.

Quando falamos de olfato, lembramos que, em certos rituais para Exu, percebe-se também a qualidade da vibração reinante em um lugar através dos cheiros presentes. Exu lida, como falamos anteriormente, com instintos. Cheiros são instintivos. Animais percebem estados emocionais através do olfato. O aroma que predomina em um ambiente pode indicar a presença ou não de Exu, inclusive, qual a qualidade de Orixá que predomina no lugar.

Já quando falamos de sexualidade aflorada, não estamos, em momento algum, justificando comportamentos promíscuos ou irresponsáveis. Muito menos a sexualização precoce.

As religiões africanas lidam com a sexualidade de forma muito saudável. Quando um homem ou uma mulher têm prazer sexual com adultos, de forma consentida e responsável, é a manifestação do Orixá, não importando a orientação sexual do indivíduo.

Filhos de Exu são pessoas que valorizam muito mais o magnetismo e a energia sexual que a beleza física dos parceiros. Veremos também adiante que as pombagiras trabalham muito neste fundamento: a de que energias são fundamentais para sedução.

Tal situação pode ser facilmente percebida no dia a dia. Quantos homens e mulheres, esteticamente perfeitos, com corpos bem torneados, pele, olhos e cabelos magníficos, são admirados, mas não necessariamente sexualmente desejados. Por outro lado, quantos homens e mulheres considerados feios pelos padrões estéticos atuais podem ser exemplos de *sex appeal*?

A expressão "borogodó", aquele "plus" que ninguém consegue explicar direito, mas torna uma pessoa irresistível, é a máxima expressão de Exu.

Ainda falando de ditados populares e palavras na Língua Portuguesa que justificam atração entre duas pessoas, os termos "de pele" e "de cheiro" estão muito relacionados com Exu.

Mas é preciso atenção, porque, muitas vezes, quando desequilibrados espiritual e emocionalmente, os filhos de Exu acabam se tornando debochados, encrenqueiros e manipuladores. A alegria, a impetuosidade e a inteligência passam do ponto e se tornam problemas, porque há erro na dose.

Lembramos que tal problema, da deturpação de potenciais, não é atributo exclusivo dos filhos de Exu, pode ser percebido em filhos de todos os Orixás.

Geralmente se diz que os filhos de Exu são ambivalentes. O que ocorre, na verdade, é que essas pessoas conseguem perceber os dois lados de uma situação. Nas lendas africanas, Exu sempre se divertia com a soberba e a postura sisuda dos indivíduos. Inclusive, em uma delas, Exu passa entre dois amigos com um chapéu bicolor. Um amigo via um indivíduo com um adereço azul, e o outro via o mesmo indivíduo cobrindo a cabeça com um gorro vermelho. E os dois começam a brigar porque esqueceram de olhar o todo.

Exu sabe que existem várias perspectivas e que são poucas as Verdades absolutas. Parte da sabedoria e perspicácia atribuída a Exu vem da capacidade de se olhar uma mesma situação a partir de vários pontos.

Mesmo quando se fala de sombra, Exu mostra que ela precisa existir para se valorizar a luz, muitas vezes percebida apenas quando existe a escuridão. As sombras também nos conduzem ao recolhimento, da mesma maneira como o movimento de contração é necessário para em seguida ocorrer a expansão. Assim é na Natureza, é só observarmos, por exemplo, o coração humano.

Para Exu, Deus, que é perfeito, não criou o mal absoluto. O mal é quando o indivíduo erra por ignorância. O mal existe como limite para que o homem aja corretamente. É como uma cerca. Quando o homem ultrapassa o limite, causa e sofre dor. O mal é quando algo está fora do equilíbrio, fora de seu espaço e tempo. Ninguém nega que o fogo em um forno à lenha, preparando um pão, é excelente, mas, quando está na mata queimando plantas e animais, é péssimo. O mesmo fenômeno ocorre psicologicamente: tomar precauções é algo bom, mas, quando a energia da cautela fica muito grande, ou seja, passa do limite e se torna medo, é ruim porque paralisa o homem.

Exu trabalha muito com o princípio da polaridade, estudada no livro *O Caibalion*. Tudo na vida tem um lado positivo e negativo. Tudo tem polaridade e os opostos criam o limite do ser.

Sempre é necessário lembrar que não se pode absolutamente culpar o Orixá pela falta de lucidez e inteligência de um filho. Por exemplo, filhos de Obaluaê podem ser mais discretos, mas não devem justificar excessiva timidez por conta do santo. Assim como outros justificam erroneamente a futilidade por conta de serem filhos de Oxum.

Novamente trata-se do uso indevido de elementos sagrados para justificar fraquezas humanas. Filhos do Orixá Exu podem ser homens e mulheres com grande ética, inteligência e destaque social.

Até porque Exu regula a ordem e reina soberano sobre o caos. Se agem desonestamente, de forma irresponsável, não é por conta do Orixá, mas, sim, devido a uma fraqueza interior.

Vale aqui uma observação. Embora exista, no Candomblé, quem seja filho do Orixá Exu, todos temos espíritos de exus que nos protegem e todos também temos Orixá Exu em nossas vidas. Ele se apresenta, como falamos anteriormente, quando temos o impulso de realizar um projeto ou ainda no nosso sistema imunológico, nos protegendo física e espiritualmente.

O Orixá Exu rege algum chacra?

Sim, embora a tradição africana não trabalhe com esse conceito, enquanto força Universal, Exu rege o chacra básico, ou genésico, também conhecido no Oriente como Muladhara.

Localizado na base da coluna vertebral entre o ânus e os órgãos genitais, o seu vórtice é aberto para baixo por onde absorve e exala energia da Terra e, por isso mesmo, é responsável pela nossa conexão com o plano físico. Vamos lembrar que Exu é conhecido como o Orixá mais próximo da Terra e dos humanos.

Esse chacra está ligado à sobrevivência e à relação do homem com as coisas materiais, além, é claro, de lidar com o medo. Não importa se as situações sejam reais ou imaginárias, tal energia acaba sendo liberada, o que exige disciplina mental e emocional. É ele que dá o sinal sexual de sobrevivência nas questões da continuidade da espécie, reprodução e formação da família.

O funcionamento harmônico deste primeiro plexo fala da gratidão a tudo que a Terra produz e que está à nossa disposição como alimento, proteção, segurança, afeto, estabilidade, força interior e uma confiança inabalável das realizações de suas metas. O equilíbrio entre o aquietar e o fazer nasce neste vórtice e acaba se desdobrando na sabedoria e aceitação natural dos ciclos da existência, do nascimento à morte.

A Pombagira também é Orixá?

Como já falamos anteriormente, as pessoas escravizadas na África, trazidas para o Brasil, vinham de regiões muito diferentes do continente, com culturas, idiomas e crenças próprias. O tráfico escravocrata trouxe no século XVI e XVII grupos bantus (hoje Angola e Congo); no século XVIII, daometanos, das etnias jeje-mahi (hoje Bénin) e no final do século XVIII e século XIX, os nagôs-iorubás (hoje Nigéria).

Ao chegar nos portos brasileiros, os portugueses separavam famílias e enviavam seus membros para diferentes lugares no Norte, Nordeste, Sudeste e Sul da colônia.

Nas fazendas e nas casas dos brancos, os africanos passavam a conviver com indivíduos de outras partes da África, com seus próprios rituais, cantos e divindades, muito diferentes entre si. Nos momentos em que não estavam dormindo ou descansando, eles se reuniam para cultuar suas divindades. Começou a surgir daí um sistema único religioso que daria, mais tarde, origem ao Candomblé e, em seguida, no século XX, misturado com catolicismo, kardecismo, rituais indígenas, à Umbanda.

Quem vai à África percebe que, dependendo do país, os Orixás não são cultuados da mesma forma que no Brasil. Muitos dos cantos e ritos hoje para Oxóssi no Brasil são desconhecidos pelos mais novos no Bénin. Vale inclusive lembrar que certos Orixás no Brasil, que são cultuados em um mesmo ritual, em algumas cidades africanas são desconhecidos, porque vêm de outras localidades, e foram juntados no Brasil, na época colonial.

Orixás é o nome como são conhecidas as forças da Natureza pelos nagô-iorubás. Vodouns é a denominação para as mesmas forças pelos jeje-mahi. Já para os bantus, as divindades eram chamadas por inquices.

Pambu Njila, para a tradição de Angola, é o nome da Força que abre caminho, Senhor do Fogo e das Encruzilhadas.

A palavra pombagira, ou bombogira, dizem os especialistas em línguas africanas, pode ter vindo dessa força, Pambu Njila. Mas, em tese, são entes diferentes.

Pombagiras, no Brasil, são espíritos femininos que conhecem com profundidade os mistérios da consciência do fogo e atuam em conjunto com os espíritos chamados de exu. Ou seja, embora exista um "Orixá" chamado Pambu Njila para os africanos do Congo e Angola, e possua semelhanças com o Orixá Exu, dos iorubás, não é o mesmo que a pombagira.

Os assentamentos de Exu nos terreiros

Todos os terreiros têm o Orixá Exu assentado para garantir o progresso material e espiritual de todo o trabalho e comunidade, assim como a proteção do espaço físico, dos trabalhadores e frequentadores.

Assentar – nas religiões com influência africana – significa que uma energia foi condensada e firmada em uma pessoa, objeto ou lugar e servirá como centro de forças, devendo ser alimentada e cultuada com frequência.

O Orixá Exu, como vimos, é Senhor da Comunicação e dos Caminhos. Portanto, é ele quem determina quem vai passar ou não pela porta de um terreiro para se comunicar com os Orixás e Espíritos.

Desse modo, em um terreiro existe um espaço dedicado a Exu, chamada em muitas casas de Ilê de Bará, onde são guardados os objetos de culto dos rituais de Exu e os assentamentos da Casa e dos frequentadores.

Mas também é necessário assentar a energia do Orixá nas entradas do terreiro. Sempre que se visita um centro de Umbanda ou uma Casa de Candomblé, nunca se adentra o espaço sem pedir licença para os Exus da Casa e os Orixás que protegem.

Nos terreiros de Umbanda, há também um espaço que se chama tronqueira. É lá onde são guardados os pontos e elementos de força dos Exus da casa. Em muitos templos, em posição oposta ao altar principal.

Todos os assentamentos têm uma pedra, chamada Okutá, e elementos de metal, como tridentes ou o edon. Isso porque as energias devem ser magnetizadas em elementos perenes e resistentes. As pedras de Exu geralmente são escuras e pontiagudas. Há assentamentos para uma qualidade de Exu, Yangi, que leva laterita. No apêndice deste livro é possível encontrar uma lista com os cristais utilizados para trabalhos com Exu.

É possível assentar Exu na porta de uma residência. Tal processo deve ser feito com a concordância de todos os moradores e conduzido por um pai ou mãe de santo.

Geralmente se usa um punhal pequeno, uma quartinha preta e vermelha ou alguidar, um ponto riscado de Exu feito em ferro, sete chaves, um edon de Exu (boneco feito de ferro simbolizando Exu) ou uma imagem de madeira, ou gesso do Exu, sete búzios africanos, sete búzios fechados, sete moedas antigas, um obi, um fio de contas da entidade, uma pedra preta, perfume e fios de cobre.

São utilizados também sete tipos de terra, carvão, pó de ouro, pó de bronze, pemba preta e vermelha, enxofre, pimenta, ataré, vela de sete dias preta e vermelha, um castiçal de ferro, fitas de cetim vermelha e preta. Tudo isso deve ser lavado primeiramente com sal grosso e água, depois com cachaça e em seguida com sete ervas de exu.

Os elementos devem ser colocados no alguidar, com as rezas específicas, em lua nova ou cheia. Juntamente com as rezas, acende-se uma vela de sete dias preta e vermelha, uma vela vermelha e uma preta. Se oferece em um alguidar a farofa de mandioca com dendê e 21 pimentas dedo-de-moça vermelhas, três alguidares pequenos com farofas de mel, cachaça e água, frutas e aguardente. A quartinha sempre deverá estar cheia de água.

Os assentamentos ficam escondidos do lado esquerdo de quem entra na casa. Geralmente são cobertos com plantas diversas, como pimentas, comigo-ninguém-pode, arruda e cactos, principalmente mandacaru.

Com certa periodicidade, tal assentamento deverá ser reenergizado, conforme determinação do pai ou mãe de santo.

Cultua-se Exu às segundas-feiras, oportunidade de se acender uma vela palito preta e vermelha. Suas saudações: "Laroyê, Exu". E na Umbanda também se diz "Mojubá". Daí que a segunda-feira de lua nova ou cheia, no horário de Mercúrio, é excelente oportunidade para tais assentamentos.

Qual a relação de Exu com o jogo de búzios?

Exu, enquanto mensageiro, e Força que atua também no processo de comunicação não só é fundamental para o tradicional jogo de búzios, mas acaba por estar presente e ser invocado por diferentes oraculistas. Não raro tarotistas e cartomantes pedem orientação em consultas para que as respostas se apresentem mais claras.

O pesquisador e autor Diego de Oxóssi, em uma de suas obras, explica que há um jogo de 12 búzios – usando, portanto, 4 a menos que o tradicional – em que os diferentes exus é quem respondem às perguntas. Trata-se de um jogo com código, orientações e fundamentos próprio da Quimbanda. Dependendo do número de búzios abertos, há um exu se comunicando.

Para quem não está familiarizado com o termo aberto ou fechado, é preciso uma explicação rápida. Os búzios para serem usados como ferramenta oracular são preparados magisticamente. Dentre as diferentes práticas, os búzios são cerrados, um a um. Quando um sacerdote os joga sobre a mesa, eles podem cair com a parte cerrada para cima ou para baixo. Isso significa quedas abertas ou fechadas. A seguir, as entidades que respondem a cada situação.

Número de búzios abertos	Exu que responde
Nenhum	Exu Caveira
Um	Exu Tranca-Rua
Dois	Exu 7 Encruzilhadas
Três	Exu Marabô
Quatro	Exu Mangueira
Cinco	Exu Tiriri
Seis	Exu Veludo
Sete	Exu Toquinho
Oito	Exu 7 Porteiras
Nove	Exu Quebra-Galho
Dez	Exu Cruzeiro
Onze	Exu Gira-Mundo
Doze	Exu da Mata

CAPÍTULO 2

As entidades exus e pombagiras

Quem são as entidades que se apresentam como exus?

Os exus, com "e" minúsculo, são espíritos que já viveram na Terra e voltarão a reencarnar em um futuro próximo. Como dissemos, são profundos conhecedores da magia e dos fundamentos do Orixá Exu.

Assim como caboclos, pretos velhos, marinheiros, baianos e crianças, trabalham nos centros de Umbanda e atuam na cobertura dos encarnados, seguindo a lógica do bem e respeitando a ética universal e o livre arbítrio de cada um.

Normalmente nos terreiros de Candomblé, os espíritos desencarnados (chamados de catiços) não incorporam, com exceção de exus e pombagiras. Mesmo nos cultos de Egungun, não há incorporação em médiuns.

No caso de exus e pombagiras, a principal tarefa desses espíritos é a proteção de seus tutelados. Por essa razão também são chamados de guardiões. São eles também responsáveis pelo profundo descarrego (ou limpeza do campo eletromagnético) dos encarnados; para isso, utilizam do fogo e de elementos materiais de alta frequência vibratória.

Mesmo nas casas que fecham as giras de esquerda para o público, é preciso realizar com frequência a incorporação dos exus e pombagiras para cuidado dos médiuns e dos espaços de trabalhos.

O primeiro equívoco sobre esses mentores é similar àquele que recai sobre o Orixá Exu: a de que são demônios, espíritos ignorantes ou menos evoluídos que os encarnados.

Os exus são espíritos com grande autodomínio, foco, disciplina, inteligência, coragem e generosidade. Até porque cabe a eles o trabalho mais pesado de limpeza energética de lugares e pessoas.

Na literatura espírita kardecista, por exemplo, muitos autores, inclusive Chico Xavier – que usa a terminologia guardião – narram a intensa atividade dos exus na manutenção da ordem de espaços com denso padrão vibratório, como delegacias, penitenciárias e hospitais. A generosidade divina, expressa na fraternidade desses trabalhadores espirituais, mostra que não existe um só lugar no Universo que não possa ser protegido ou monitorado pelas forças superiores.

A falange dos Caveiras, por exemplo, garante a segurança e ordem nos necrotérios, velórios e cemitérios, para que os espíritos perversos e ignorantes não atrapalhem o processo de desligamento dos recém-desencarnados, tentando roubar deles seus últimos fluidos vitais ou confundindo-os espiritualmente.

Não podemos esquecer dos guardiões que, embora não incorporem nas giras, atuam garantindo a segurança dos trabalhos e se mostram excelentes conselheiros, apoiando os consulentes e médiuns, durante os desdobramentos durante o sono.

O exu Sete Encruzilhadas, que me protege e orienta minha vida, é especialista em mostrar quais as perdas que terei em eventuais decisões que tomo e busca me inspirar na escolha correta diante das "encruzas da vida", o mesmo acontecendo com quem ele conversa.

Os exus ajudam os tutelados a manter acesa a chama da iniciativa, da vitalidade e a não temer nada, desde que estejamos agindo com dignidade e ética.

É preciso lembrar que os exus são grandes incentivadores de projetos coletivos, independentemente da religião, que promovem a elevação da consciência humana, protegendo tais iniciativas e seus trabalhadores.

Esses guias trabalham muito com o conceito de Luzbel, ou seja, a luz que percebemos apenas quando perdemos algo. É o famoso "eu era feliz e não sabia". Os exus tentam de todas as formas mostrar que devemos extrair a luz, valorizar as situações que nos parecem banais e triviais antes que elas desapareçam de nossas vidas e causem uma forte desorganização e desalinhamento energético e emocional.

No passado dizia-se, erroneamente, que exus trabalhavam nos terreiros em troca de pagamento. Pura bobagem. Exus trabalham, de acordo com seus princípios, no merecimento e com as condições de cada um que os procuram.

Quando eles pedem algo, como veremos adiante, possivelmente se trata do material que deverá ser usado em um trabalho para reorganizar a energia do consulente. Mas nada para benefício próprio.

Exus e pombagiras nunca fazem amarração, vinganças ou criam obstáculos na vida de ninguém. Se alguém lhe disser isso, tenha absoluta certeza de que se trata de charlatanismo. Dizia-se, por exemplo, no passado, que em troca de cachaça "exus" aceitavam serviço sujo.

Na maior parte dos casos, estamos falando de pessoas que abusam da ignorância, inocência e boa vontade dos outros para extorquir vantagens pessoais.

Se realmente houver mediunidade, e vale frisar o "se", trata-se de espíritos ignorantes que se intitulam indevidamente como exus para zombar dos encarnados.

Há quem diga que exu pede cachaça para vampirizar álcool e manter os vícios. Os espíritos ignorantes, quando desejam vampirizar alguém, eles o fazem nos bares, nas boates, nas destilarias. Sem precisar negociar nada em troca.

No passado os médiuns e frequentadores dos terreiros se referiam aos exus como os compadres, ou ainda, os "hómi". Veja que é um tratamento até desrespeitoso, sem a mesma reverência que é atribuída a outras entidades, como caboclos, pretos velhos, marinheiros, boiadeiros e ciganos. Isso reflete a ideia de que os exus são espíritos atrasados e inferiores.

Há outra máxima segundo a qual exu resolve só problemas materiais. Obviamente, exus podem orientar um indivíduo em sua trajetória profissional e financeira. Mas não só isso. Exus podem e, muito frequentemente, ajudam seus filhos em questões de saúde. Obviamente sem dispensar a medicina tradicional.

Como já vimos no capítulo anterior, Exu é o Orixá que trata do sistema imunológico e do sistema reprodutor masculino, além de comandar a vitalidade. Seus passes energéticos, suas orientações e seus trabalhos são excelentes para lidar com tais problemas.

Existe uma linha de exus muito temida, a de Tranca-Rua. O maior medo é que criem obstáculos à prosperidade, impedindo as pessoas de crescerem. Grande equívoco. Trata-se de um grupo de trabalhadores espirituais que fecham caminhos, não só aqueles que podem levar um indivíduo a ter problemas, mas também fecham os caminhos para as doenças.

Qual a diferença entre exu, egum e kiumba?

Como explicado na pergunta anterior, exus são espíritos especialistas nas energias do Orixá Exu, ou Elegbara.

Egun é o termo iorubá para designar qualquer espírito desencarnado. Seja ele iluminado ou atrasado. Qualquer pessoa que esteja morta, no plano astral, para os africanos, é tratada como egum.

Já kiumbas são energias negativas que são criadas pelos próprios indivíduos, sejam eles encarnados ou desencarnados. Eles não possuem consciência própria. Podem ser formas de pensamento alimentadas durante muito tempo pelos encarnados: medos, mágoas, raivas e tristezas.

Podem ainda ser subpersonalidades ou máscaras que foram alimentadas pelos indivíduos ao longo do tempo.

Essas personalidades foram criadas não necessariamente nesta encarnação. Podem vir de outras vidas. Geralmente eram úteis em outros momentos, mas hoje não têm razão de existir. São reações emocionais deslocadas porque se referem a outro tempo e espaço.

Nos processos de desobsessão, nas casas espíritas; nos trabalhos de transporte, nos terreiros ou ainda na Apometria (conjunto de práticas com objetivo de cura) ou na Constelação Sistêmica, os kiumbas podem aparecer nos tratamentos, para serem tratados.

Lidar com kiumbas envolve um processo chamado animismo. Aqui vale um esclarecimento: animismo é muito diferente de mistificação. Na mistificação existe a consciência de que aquele fenômeno não é real. Trata-se de uma encenação para enganar terceiros.

Já no animismo, embora o indivíduo não esteja manifestando um outro espírito, mas uma forma, pensamento ou subpersonalidade, ele não tem consciência. Acredita que se trata de outra consciência, embora não seja.

Difícil? Vamos dar um exemplo.

Na mistificação uma pessoa pode dizer que é médium e está incorporando um espírito, embora saiba que não está. O faz para chamar atenção ou tirar vantagens pessoais.

No animismo, um aspecto da personalidade de uma pessoa ou uma forma de pensamento se manifesta. Ela não faz de propósito, mas expressa tal entidade. E que não é um espírito real.

Dirigentes e médiuns menos preparados não conseguem perceber que não se trata de espíritos. Já aqueles com muita experiência sabem encaminhar e resolver a situação com clareza e segurança.

Como se dividem os exus?

Há quem divida exus entre de Lei – ou batizados – e exus pagãos. Como falamos anteriormente, trata-se de uma nomenclatura incorreta. Exus são espíritos que trabalham pelo bem e na aplicação da justiça e da ordem. Não têm nada a ver com almas arruaceiras ou trapaceiras. Espíritos assim são chamados de obsessores, "encostos" ou eguns perdidos. Veja a pergunta no capítulo anterior.

Em linhas gerais, de forma similar à estrutura militar dos romanos, os exus se dividem em legiões. Cada legião divide-se em sete grandes falanges, que, por sua vez, têm um chefe.

Há muitas casas que classificam Orixás segundo Orixás da Umbanda esotérica:

- Servidores de Oxalá – liderados por Exu Sete Encruzilhadas
- Servidores de Ogum – liderados por Exu Tranca-Rua
- Servidores de Oxóssi – liderados por Exu Marabô

- Servidores de Xangô – liderados por Exu Gira-Mundo
- Servidores de Yorimá – liderados por Exu Pinga-Fogo
- Servidores de Yori – liderados por Exu Tiriri
- Servidores de Iemanjá – liderados por Pombagira

Já uma outra leitura tradicional da Umbanda, capitaneada por W.W. da Matta e Silva, divide os exus comandados por entidades de direita, conforme abaixo:

Linha de Oxalá
- Exu Sete Encruzilhadas – Caboclo Urubatão
- Exu Sete Pembas – Caboclo Ubiratã
- Exu Sete Cruzes – Caboclo Tupi
- Exu Sete Capas – Caboclo Guarani
- Exu Sete Chaves – Caboclo Aimoré
- Exu Sete Poeiras – Caboclo Guaracy
- Exu Sete Ventanias – Caboclo Ubirajara

Linha de Ogum
- Exu Tranca-Rua – Ogum de Lei
- Exu Tira-Teima – Ogum Matinata
- Exu Tranca-Gira – Ogum Iara
- Exu Limpa-Tudo – Ogum Megê
- Exu Porteira – Ogum de Malê
- Tira-Toco – Ogum Beira-Mar
- Exu Veludo – Ogum Rompe-Mato

Linha de Oxóssi
- Marabô – Caboclo Arranca-Toco
- Exu Pemba – Caboclo Arariboia
- Exu Campina – Caboclo Arruda
- Exu das Matas – Caboclo Pena Branca

- Exu Bauru – Cabocla Jurema
- Exu Lonan – Caboclo Tupinambá
- Exu Capa Preta – Caboclo Cobra Coral

Linha de Xangô
- Exu Gira-Mundo – Caboclo Kaô
- Exu das Pedreiras – Caboclo Agodô
- Exu Corcunda – Caboclo Sete Montanhas
- Exu Mangueira – Caboclo Pedra Branca
- Exu Ventania – Caboclo Sete Pedreiras
- Exu Quebra-Pedra – Caboclo Sete Cachoeiras
- Exu Meia-Noite – Caboclo Pedra Preta

Linha de Yorimá
- Exu Pinga-Fogo – Pai Guiné
- Exu Caveira – Vovó Maria Conga
- Exu Bará – Pai Joaquim
- Exu Alebá – Pai Benedito
- Exu Come-Fogo – Pai Tomé
- Exu Brasa – Pai Arruda
- Exu do Lodo – Pai Congo de Aruanda

Linha de Yori
- Exu Tiriri – Tupãzinho
- Exu Veludinho – Cosme
- Exu Lalu – Doum
- Exu Manguinho – Damião
- Exu Ganga – Yari
- Exu Toquinho – Ori
- Exu Mirim – Yariri

Linha de Yemanjá
- Pombagira – Cabocla Iara
- Exu Carangola – Cabocla Estrela do Mar
- Exu Má-Canjira – Cabocla do Mar
- Exu do Mar – Cabocla Oxum
- Exu Gerê – Cabocla Nanã Buruquê

Tal classificação, embora deva ser respeitada, não é adotada em muitas casas e tampouco na Umbanda que sigo. Isso se dá por duas razões: não trabalhamos com a divisão apenas das sete linhas, mas, sim, com dezoito Orixás e não entendemos que exus são necessariamente subordinados às entidades da direita, como caboclos, pretos velhos e crianças.

Uma das segmentações das mais utilizadas e seguida por muitos dirigentes, e que adoto no meu centro, se dá por pontos de força: os campos de trabalho dos exus e pombagiras.

Estamos falando de espaços físicos em que os Exus têm seus portais interdimensionais e onde suas energias vibram com maior intensidade. São elas: encruzilhadas, calungas (cemitérios, cruzeiros e mar), matas e liras.

Exus das Encruzilhadas

Essas entidades trabalham nas estradas, encruzilhadas e esquinas que se formam a partir do cruzamento de dois ou mais caminhos. Embora se pense em caminhos reais, físicos, podemos também compreender como opções de vida, usando a linguagem simbólica.

Em seus pontos riscados, é possível encontrar dois tridentes quadrados, cruzados em forma de X e chaves. Conhecem com profundidade a energia do Orixá Exu Lonan.

Sob o comando de Exu Rei das Sete Encruzilhadas, existem milhares de outros exus e pombagiras:

- Exu Sete Estradas
- Exu Tiriri
- Exu Treme-Terra
- Exu Morcego
- Exu Trinca-Ferro
- Exu Tranca-Gira

- Exu Sete Porteiras
- Exu Labareda
- Exu Lúcifer
- Exu Chave
- Exu Sete Luas
- Exu Corrente
- Exu Sete Facadas
- Exu Sete Gargalhadas
- Exu Capa Preta
- Exu Tronqueira
- Exu dos Sete Buracos
- Exu Male
- Exu Carranca
- Exu Bará
- Exu Sete Nós
- Exu Pavenã
- Exu Duas cabeças
- Exu Tranca-Rua, responsável por fechar caminhos ruins
- Exu Sete Velas, responsável por iluminar os caminhos
- Tranca-Rua das Almas, encruzilhadas de cemitérios, trabalha com a linha das calungas
- Exu Sete Tronqueiras
- Exu Lança
- Exu Quebra-Porta
- Exu Ferrolho
- Exu Prego
- Exu do Caminho
- Exu Sete Punhais
- Exu Sete Capas
- Exu Sete Ventanias
- Exu dos Sete Ventos
- Exu Tranca-Tudo
- Exu Ganga
- Exu Carangola
- Exu Limpa-Trilhos
- Exu Ligeirinho
- Exu Ferrabrás
- Exu Sete Escudos
- Exu Capa Preta da Encruzilhada
- Exu Sete Chaves, responsável por abrir bons caminhos

Linha das Calungas

Em algumas tradições, há separação entre a Linha das Calungas (ou Cemitérios) e as linhas dos Cruzeiros, das Almas e das Praias. Historicamente consideramos todos sob a Linha das Calungas, uma vez que a palavra calunga significa cemitério. Há a calunga grande (os mares, onde milhares de africanos mortos foram jogados na travessia do Oceano Atlântico) e a calunga pequena (os cemitérios tradicionais).

Cruzeiros são basicamente portais para as almas desencarnadas. Assim, desde marinheiros, ilhéus, baianos, quimbandeiros, até exus da Lomba podem ser considerados trabalhadores das Calungas.

Essas entidades também trabalham em necrotérios e cruzeiros de almas. São responsáveis pelos portais de comunicação entre encarnados e desencarnados. Em seus pontos riscados, é possível encontrar cruzes e três ondas.

Sob o comando de Exu Tata Caveira, existem milhares de outros:

- Exu Caveira
- Exu Cabaça
- Exu Meia-Noite
- Exu Cruzeiro
- Exu Kaminaloá
- Exu Sete Calungas
- Exu Cemitérios
- Exu Sete Catacumbas
- Exu da Lama
- Exu Tata
- João Caveira
- Exu Sete Infernos
- Exu do Lodo
- Exu da Brasa
- Exu Corcunda
- Exu Marabá
- Exu dos Enforcados
- Exu Pemba
- Exu Marinheiro
- Exu Omolu
- Exu Má-Canjira
- Exu Cruz
- Exu Catacumba
- Exu Calunga
- Exu Kirombó
- Exu Cova
- Exu Sete Cruzes
- Exu das Almas
- Exu Sete Cruzeiros
- Exu Sete Covas
- Exu Sete Caveiras
- Exu Molambo
- Exu Sete Mares
- Exu Quebra Ossos
- Exu Sete Ossos
- Exu das Sete Tumbas
- Exu Mironga
- Exu Sete Lombas
- Exu das Nove Luzes
- Exu Curador
- Exu Gira-Mundo
- Exu Maré
- Exu Nague
- Exu Ancora
- Exu da Tumba

Trabalham com Omolu, Nanã, Ewá e Iansã de Balé.

Exus das Matas

Entidades que trabalham nas regiões de farta vegetação, como florestas, bosques, selvas e montanhas, assim como rios e cachoeiras. Se apresentam de forma mais rude e menos falantes.

Em seus pontos riscados, existem referências a elementos da Natureza.

Sob comado do Exu Marabô, existem milhares de outros:

- Exu Cangaruçu
- Exu Pena Preta
- Exu Estrela
- Exu Arranca-Toco
- Exu Sete Pedras
- Exu das Matas
- Exu Cainana
- Exu Morcego
- Exu Quebra-Galho
- Exu Pinga-Fogo
- Exu Pedreira
- Exu Pantera
- Exu das Campas
- Exu Sete Cobras
- Exu Sete Brasas
- Exu Tira-Toco
- Exu do Cheiro
- Exu do Coco
- Exu Mulambo
- Exu Quebra-Pedra
- Exu Tira-Teima
- Exu Cravo Preto
- Exu Galhada
- Exu Corisco
- Exu Ventania
- Exu Casco
- Exu das Sete Cachoeiras
- Exu Pimenta
- Exu dos Rios
- Exu dos Sete Rios
- Exu Mangueira
- Exu Cheiroso
- Exu Pedra Preta
- Exu Quirombô
- Exu Sete Sombras
- Exu das Campinas
- Exu Asa Negra
- Exu Toquinho
- Exu Treme-Terra
- Exu Gira-Mundo
- Exu Gato Preto
- Exu Mau Olhado
- Exu Sete Raios
- Exu Boca da Mata
- Exu Folha
- Exu Garra

- Exu Águia Negra
- Exu Guiné
- Exu Gato Preto
- Exu Rompe-Matas
- Exu Raiz
- Exu Gruta
- Exu Figueira

Exus das Bananeiras

Nessa linha também atuam:
- Caboclos Quimbandeiros, que, em certas casas, apresentam penachos vermelhos e pretos e trabalham apenas nas giras de exu
- Pretos Velhos Quimbandeiros
- Exus Africanos, que não podem ser confundidos com o Orixá Exu

Exus da Lira

Também chamados de malandros, são exus que circulam em locais de boemia, praças e locais com grande circulação de pessoas, como comércios. Podem se apresentar, dependendo do centro ou terreiro, na linha dos baianos.

Ao comando de Exu das Sete Liras, existem milhares de outros:

- Seu Zé Pelintra
- Exu do Oriente
- Exu Casamenteiro
- Exu Chama-Dinheiro
- Exu do Cabaré
- Exu da Lira
- Exu das Sombras
- Exu Hora Grande
- Exu Coroa
- Exu Cigano
- Exu do Ouro
- Exu do Oriente
- Exu Pagão
- Exu do Mercado
- Exu Pirata
- Exu das Sete Gargalhadas
- Exu Veludo

Quem são as entidades que se apresentam como pombagiras?

As pombagiras são espíritos que conhecem profundamente as energias do Orixá Exu e que trabalham com a consciência da libido. Se os exus falam de potência, as pombagiras ensinam como lidar com esse fogo e o impulso de maneira sensível e lúcida.

São grandes mestras na sensualidade, sexualidade e na libertação da consciência feminina, em homens e mulheres.

Nas filosofias antigas, o princípio masculino falava de ação; e o princípio feminino, de recepção. Se o princípio masculino fala de conquistar, o feminino traz a questão do preservar. E aqui não há maior importância de um sobre o outro. Se não houver manutenção e gestão, tudo o que se conquistar é perdido em seguida.

E é nisso que as pombagiras são peritas. Assim como a conquista dos objetivos através do diálogo, do magnetismo e da sedução, sem o uso da força física.

Aprender a receber é algo muito difícil para muitas pessoas. A maioria dos indivíduos não vê problemas em se desdobrar para ajudar o próximo, mas por inúmeras razões (vaidade, medo, culpa) tem muita dificuldade em pedir e receber ajuda.

Em várias consultas nos terreiros é possível ver pessoas com os caminhos abertos, mas que não prosperam. A grande razão é que não se sentem merecedoras de bênçãos. E muitas vezes preferem seguir adiante e sozinhos, sem pedir auxílio.

Pombagiras podem ajudar muito nesse sentido, a despertar a consciência diante das encruzilhadas, abrir os caminhos e braços para receber, embora seu domínio principal seja no campo da sensualidade e da sexualidade.

Quando falamos em sensualidade, nos referimos à capacidade que temos de sentir o próprio corpo e sentir-se feliz com ele. A sensualidade não tem necessariamente a ver com o sexo e os órgãos genitais.

Apreciar um bom perfume, o toque da seda no corpo, degustar um prato com presença e consciência, e não como só estivesse apenas se alimentando, ouvir uma melodia com atenção, emocionar-se com uma poesia e entregar-se à música ou ainda apreciar a beleza de algo, ou alguém, sem inveja ou sem o desejo de posse, se traduz na consciência da sensualidade.

Mas a sensualidade não pode ser forçada, imposta, exibida; caso contrário, se torna vulgaridade.

A sensualidade de uma pombagira tem muito da autoaceitação, do estar em si própria, de reconhecer suas qualidades e reverenciar a vida e sua própria essência.

A sexualidade sadia sugere sentir prazer com seu próprio corpo em uma troca energética com o outro. Aqui vale uma lembrança: o sexo não pode ser identificado apenas ou necessariamente pela penetração e os órgãos genitais.

Novamente as filosofias orientais têm muito a ensinar, inclusive em como olha o sexo, muito além da reprodução, mas também no prazer em todo o corpo e não concentrado em algumas áreas. A sexualidade ocidental, principalmente no caso dos homens, se concentrou no pênis. O abraço, o beijo, as carícias foram deixados de lado. Razão pela qual o sexo se torna empobrecido; e a relação entre os casais, complicada.

Nem é preciso comentar que o controle da sexualidade pela religião tinha como objetivo tirar o prazer dessa vida. Para os religiosos era importante deixar a vida atual sempre ruim, para que as pessoas pudessem fazer de tudo, inclusive se deixar manipular, para ter a felicidade, o prazer em um falso reino dos céus, após a morte. O paraíso, infelizmente para alguns, ainda é o alívio para todas as tensões, sofrimentos e privações dessa reencarnação. Erroneamente acreditam que precisam passar necessidades e sofrimentos durante setenta anos, oitenta anos, para ter a vida eterna.

O maior problema é que, quando esses religiosos desencarnam, ficam frustrados e furiosos. É por isso que muitas religiões combatem o fenômeno mediúnico e perseguem médiuns. Os espíritos éticos e sérios explicam que a vida após a morte é muito diferente do que é apresentada pela maioria das religiões.

Não é preciso muita reflexão para reconhecer que todos os lugares e momentos da vida fazem parte do Reino de Deus. Essa vida, a que estamos hoje vivendo, faz parte do Plano Divino e deve ser vivida com alegria, consciência e prazer.

Apesar de certas dificuldades, ela também apresenta saídas, respostas e oportunidades. Para o Criador esta encarnação merece ser vivida com bênção, dignidade, prosperidade e momentos felizes. É uma oportunidade ímpar para se dominar a matéria.

Por isso o papel da pombagira é tão importante. Ela desmascara falsas promessas e preconceitos.

No passado não muito distante, e mesmo hoje, em certas comunidades, homens e mulheres se deitam apenas para procriar, sem necessariamente se despir.

As mulheres menstruadas, para os judeus ortodoxos, por exemplo, ainda são consideradas impuras e precisam se limpar. Em comunidades da África, ainda se pratica a circuncisão feminina, com a mutilação do clitóris. Tudo para que as mulheres não sintam prazer em se tocar ou ainda ter alguma satisfação no ato sexual. Tudo isso para elas servirem apenas ao prazer do marido, um pensamento que é inconcebível para uma pombagira.

Essas guias, em suas incorporações, mexem com o chacra genésico de seus médiuns. No caso das mulheres, mostram também o quanto podem ser belas, independentemente de sua idade ou de seus corpos responderem positivamente aos padrões estéticos da atualidade. Da mesma maneira, as pombagiras buscam conscientizar que a libido deve ser utilizada para o prazer responsável ou para construir projetos. Nunca para agredir, destruir ou criar culpa.

As pombagiras explicam que a sexualidade com espiritualidade e luz se torna algo bonito, erótico, já que vem do Eros, amor. Trata-se de uma expressão de afeto. Já quando não há respeito no sexo, nem verdade, e só existe superficialidade, estamos falando de pornografia. Pornografia é excesso de sensações sem consciência, é ausência de respeito e intensidade para com os sentimentos e o próprio corpo.

Como se dividem as pombagiras?

As pombagiras, assim como os exus, também se dividem em função dos campos de força em que atuam.

Pombagiras das Encruzilhadas

Essas entidades trabalham com as encruzilhadas, esquinas que se formam a partir do cruzamento de dois ou mais caminhos. Embora se pense em caminhos reais, físicos, podemos também compreender como opções de vida.

Em seus pontos riscados, é possível encontrar dois tridentes quadrados cruzados em forma de X e chaves.

Sob o comando da Pombagira Rainha das Sete Encruzilhadas, existem milhares de outras:

- Pombagira Maria Padilha
- Pombagira Cigana das Sete Encruzilhadas
- Pombagira Maria Farrapo das Sete Encruzilhadas
- Pombagira Maria Mulambo das Sete Encruzilhadas
- Pombagira Maria Mulambo das Sete Figueiras
- Pombagira Maria Mulambo dos Sete Punhais
- Pombagira Maria Padilha das Sete Encruzilhadas
- Pombagira Maria Padilha das Sete Facas
- Pombagira Maria Padilha das Sete Navalhas
- Pombagira Maria Padilha Rainha das Sete Encruzilhadas
- Pombagira Rainha das Sete Encruzilhadas
- Pombagira Rosa das Sete Saias
- Pombagira Sete Capas
- Pombagira Sete Chaves
- Pombagira Sete Coroas
- Pombagira Sete Encruzilhadas
- Pombagira Sete Estrelas
- Pombagira Sete Figas

- Pombagira Sete Montanhas
- Pombagira Sete Navalhas
- Pombagira Sete Porteiras
- Pombagira Sete Punhais
- Pombagira Sete Saias
- Pombagira Sete Véus
- Pombagira Sete Estradas

Pombagiras das Calungas

Assim como os exus das calungas, atuam nos cemitérios, necrotérios, mares e pântanos. São responsáveis pelos portais de comunicação entre encarnados e desencarnados.

Em seus pontos riscados é possível encontrar cruzes e três ondas. Sob o comando de Maria Mulambo, existem milhares de outras:

- Pombagira Maria Quitéria
- Pombagira Caveira
- Pombagira Maria Calunga
- Pombagira dos Cemitérios
- Pombagira dos Mares
- Pombagira Maria do Porto
- Pombagira Rosa Caveira
- Pombagira Sete Cruzeiros
- Pombagira Sete Caveiras
- Pombagira Sete Catacumbas
- Pombagira Rosa Negra dos Sete Cruzeiros
- Pombagira Sete Calungas
- Pombagira Maria Quitéria dos Sete Cruzeiros
- Pombagira Maria Sete Catacumbas
- Pombagira Maria Sete Covas
- Pombagira Maria Mulambo dos Sete Cruzeiros

- Pombagira Maria Mulambo das Sete Catacumbas
- Pombagira Sete Ondas
- Pombagira Cigana das Sete Luas
- Pombagira Sete Luas

Pombagiras das Matas

São entidades que trabalham nas regiões de farta vegetação, como matas e montanhas, assim como rios e cachoeiras. Nos pontos riscados, há referências à Lua. São dirigidas por Maria Padilha das Matas:

- Pombagira da Cachoeira
- Pombagira Pantera Negra
- Pombagira Maria Padilha das Cachoeiras
- Pombagira Estrela da Noite
- Pombagira Maria Lua
- Pombagira Sete Figueiras
- Pombagira Rosa Negra das Almas
- Pombagira Rosa Negra
- Pombagira Rosa Vermelha

Pombagiras das Liras

Circulam em locais de boemia, praças e locais com grande circulação de pessoas, como comércios. Podem se apresentar, dependendo das casas, na linha dos baianos. São dirigidas por Pombagira das Sete Liras:

- Pombagira Saia Rodada
- Pombagira da Lira
- Pombagira Maria Navalha
- Pombagira Baronesa
- Pombagira Sete Véus
- Pombagira Maria Rosa
- Pombagira Cigana
- Pombagira do Cabaré
- Pombagira Sete Saias

Todo mundo tem exu e pombagira?

Embora todas as pessoas, independentemente da religião, tenham Orixás, ainda que essas forças não sejam necessariamente reconhecidas por esse nome, nem todos possuem exus e pombagiras como protetores.

Isso não significa que as pessoas não tenham seus guias e mentores, mas eles podem se manifestar de outra forma. No entanto, todos os trabalhadores na Umbanda e no Candomblé possuem ao menos um espírito de exu e de pombagira o protegendo.

Dizemos, ao menos, porque, dependendo do trabalho espiritual que o indivíduo exerce, a proteção se faz mais ostensiva. Essa é a razão pela qual pais e mães de santo possuem um exu e uma pombagira que são mais presentes e que são também responsáveis pelo processo reencarnatório, mas podem ter também a companhia de outros exus enquanto dirigirem trabalhos de benefício coletivo, inclusive incorporando-os.

Da mesma maneira, nada impede que médiuns homens incorporem pombagiras ou mulheres incorporem exus. E isso, não custa lembrar, não implica, em absoluto, na orientação sexual do indivíduo.

Há casas de Umbanda e Candomblé em que homens se vestem de mulher e se maquiam para receber as pombagiras. É nossa obrigação respeitar e defender o direito à forma como pessoas lidam com seus valores sagrados. A liberdade de crença é um dos maiores valores pelos quais todos devemos lutar. Muitas pessoas no decorrer da História morreram por conta da intolerância na fé. Mas, na minha visão pessoal, bastam certos parâmetros no momento da incorporação de uma pombagira (assim como uma mulher que recebe exu) sem a necessidade de um homem travestir-se. Mas, repito, trata-se de escolha pessoal e que deve ser respeitada.

Certas religiões costumam responsabilizar as pombagiras pela homossexualidade dos indivíduos. Não são poucas, infelizmente, igrejas dizem que um indivíduo "se tornou" *gay* porque uma pombagira "encostou" em um homem.

Ora, todos os estudos científicos mostram que ninguém se torna *gay*. Todos os relatos apontam que a homossexualidade é algo que se manifesta desde o nascimento. Segundo o espírito Emmanuel, através do médium Chico Xavier, trata-se de uma questão de programação espiritual.

O fato é que um indivíduo pode ou não se aceitar e viver sua afetividade com outra pessoa do mesmo sexo. Pode escolher o celibato, não se relacionando com alguém, ou buscar uma relação heterossexual, passando por cima de sua orientação e reprimindo desejos e essência. A pombagira não tem nada a ver com isso.

São muitas as mulheres heterossexuais que recebem exus e não são lésbicas, assim como existem homens gays que também recebem exus e não "viram" heterossexuais.

Aqui cabe uma lembrança. O espírito não "baixa" e muito menos "entra" no corpo de ninguém. A mediunidade se dá através da conexão de campos energéticos. Na linguagem mais científica, chamamos de acoplamento áurico.

Somos dotados de vários corpos, dentre eles os corpos mental e emocional, além do corpo energético. Esses corpos, no momento do transe, aumentam seu campo vibratório e se conectam com o campo dos corpos dos espíritos.

Por que exus dão gargalhadas?

O bom humor é qualidade dos espíritos evoluídos. Rir, de verdade, é algo que descarrega, libera hormônios no corpo e causa sensação de bem-estar. Uma pessoa, após rir muito, você pode perceber, não tem medo de nada, se sente leve e sem pesos. Pronta para enfrentar qualquer situação.

Estamos falando, obviamente, do humor respeitoso, aquele que não magoa ninguém. O verdadeiro humor, rima com amor, nunca com dor. Rir de algo que represente sofrimento para alguém é perverso. Sadismo puro. O bom humor é quando todos riem, e ninguém chora.

O riso é também uma forma de cortar o drama. Ao fazer piada de uma situação que nos parece complicada, ela deixa de nos assustar. Ela perde força. Rir de si próprio é também uma forma de não carregar culpas.

É claro que devemos ser sérios com nossos projetos, trabalhando com esforço e disciplina para sua realização, mas, se não houver graça e leveza no dia a dia, a vida fica insuportável.

Veja que a palavra graça é utilizada nas diversas religiões como uma benção, como algo que vem do Céu. O riso, o bom humor é algo divino. A religião católica, durante a Idade Média, é que instituiu que santidade tinha a ver com sofrimento, sacrifício e dor.

Nas religiões orientais e nas tradições africanas, Deus se manifesta na dança, na celebração. Já dizia o filósofo: desconfie de um deus que não dança. O poeta português Fernando Pessoa, em um de seus poemas, apresenta o menino Jesus como um garoto maroto e sorridente. Uma das mais belas poesias da Língua Portuguesa.

Exu nos mostra que as religiões podem ser sérias, trazer consciência espiritual, dar força, cuidar do Sagrado e ter graça e humor.

Ao gargalhar, exus mostram que muitas vezes fazemos dramas desnecessários. Ao rir, também descarregam o médium e criam um campo vibratório que combate o medo.

Existe, no entanto, a risada do deboche ou aquela gargalhada forçada. Essa manifestação é muito mais manifestação de mistificação que realmente algo espiritual. É preciso lembrar que, quando não há verdade, não há Exu.

E os exus que falam palavrões?

Aqui temos uma discussão importante e polêmica sobre palavrões. Certa vez, Seu Sete Encruzilhadas, em uma gira com os médiuns do terreiro que dirijo, perguntou o que eram os palavrões, ao que muitos responderam: palavras feias, sujas e de baixo calão.

Em seguida, o mentor pediu alguns exemplos. Muitos médiuns constrangidos deram como exemplo palavras que remetiam às partes do corpo de homens e mulheres – órgãos genitais, por exemplo – assim como verbos que têm a ver com sexo.

O Exu então perguntou por qual razão a palavra que representava o órgão genital masculino seria considerada baixaria e outras partes do corpo, não. Por que intestino, baço, estômago e fígado não eram palavrões, e certas expressões para o pênis, sim?

Nesse momento ele mostrou o quanto a sexualidade é ainda um tabu, considerada erroneamente como algo sujo, ao ponto de palavras que se referem aos órgãos genitais serem reconhecidas como expressões grosseiras. Ele lembrou que, da mesma maneira, mulheres que têm prazer com o sexo e se assumem donas de seus próprios corpos, assim como homossexuais, podem ser associadas com palavrões.

Em seguida, lembrou que não é a palavra em si, mas a energia dela, que pode ser ruim.

Hoje em dia é menos comum, mas até pouco tempo, em um grupo de amigos homens heterossexuais, a demonstração de afeto se dava através do xingamento, sempre seguida de abraço e riso. Para que um homem pudesse expressar a amizade, a ternura para um amigo, ele deveria fazê-lo por meio de palavrões.

Do mesmo modo, uma mãe pode chamar carinhosamente o filho de porquinho se fez alguma sujeira.

Não são as palavras em si que determinam a maldade e o que é ruim, mas o peso com as quais são proferidas.

A maioria das situações repletas de crueldade, maldade e desprezo é caracterizada pelo uso de palavras socialmente aceitáveis, mas carregadas de ódio, intenção de destruição e mágoas. Um indivíduo pode chamar outro de «nada» com tal carga energética, que pode ferir.

Não se pode negar que o palavrão pode também descarregar um momento, um sentimento de tensão. Veja quando batemos o pé na quina de uma mesa e, se soltamos um palavrão, a tensão diminui.

Aqui não estamos fazendo uma campanha em defesa das palavras de baixo calão. Até porque muitas vezes o palavrão não vem de uma entidade, mas do hábito do médium.

Em giras abertas ao público é ideal que se peça aos médiuns que controlem o linguajar, para não causar embaraços, desconforto e má interpretação do trabalho de exus que, infelizmente, já são repletos de más interpretações.

Mas é preciso, enquanto fundamento de vida, pensar com profundidade no que foi exposto.

Se os exus não têm nada de diabólicos, por que se apresentam com roupas vermelhas e pretas?

Nem tudo o que nos ensinaram como referências de certo e errado são verdades para todos os povos e épocas. Aquilo em que eu acredito como certo pode não o ser para o japonês, o árabe ou o indiano. Ou ainda pode ter sido errado em outras épocas.

Quem está certo? Aquele que é mais feliz? Aquele que se intitula mais espiritual? Como medir tudo isso?

Nesse sentido, certos símbolos têm interpretações diferentes, dependendo dos povos.

Em nossa cultura as cores preto e vermelho são olhadas com desconfiança e medo, exceto nas camisas de times de futebol.

Durante muito tempo as mulheres vestidas de vermelho eram vistas com preconceito e reserva. Pensava-se que o vermelho era a cor das mulheres sem muito pudor. Por outro lado, o preto remetia ao luto, aos bruxos, à maldade.

Mas veja a confusão. Cardeais da Igreja Católica, assim como reis, usavam o vermelho. Padres usam ternos e batinas pretas. Já na Ásia, noivas se casam de vermelho porque o branco simboliza a cor do luto, enquanto para nós, no casamento, é cor quase obrigatória, porque simboliza pureza.

Os membros das religiões de matriz africana, que também repudiam o mal e valorizam a ética, a bondade e fraternidade, se vestem de branco. É considerado tabu ir a um terreiro com roupas pretas.

Mas será que existem realmente cores do mal? A Natureza é a única que pode responder. Por que Deus criaria o vermelho e o colocaria em todo lugar, inclusive no sangue de todos nós, se essa cor representasse algo ruim? Morangos, cerejas, flores, tomates podem ser piores que outros elementos apenas pela cor que possuem?

E o preto? Olhos negros têm algo de pior que os olhos claros? Olhando o céu, as galáxias, se não fosse a luz das estrelas também refletidas nos planetas, tudo seria escuro.

As inúmeras variações de cores existem primeiramente para mostrar o quanto as forças divinas são generosas, criativas e caprichosas.

Cores também vibram em frequências diferentes. E servem de objeto de estudo da cromoterapia, psicologia e até publicidade.

Segundo as disciplinas de psicodinâmica das cores, estudadas nas faculdades de propaganda e marketing, geralmente o preto é associado ao poder, elegância, formalidade e mistério.

Já o vermelho é a cor do Amor Divino, do Coração de Jesus, inclusive, para os cristãos evangélicos, símbolo do Pentecostes.

O amor humano também é simbolizado pela pureza da forma do coração em vermelho. A cor também serve de alerta, como nos semáforos ou no cartão de expulsão do futebol. Além, é claro, de falar de erotismo.

O vermelho é uma cor com propriedades estimulantes que, quando usado convenientemente em terapias, ativa os cinco sentidos, o sistema nervoso central, o fígado, e contribui para a produção saudável de glóbulos vermelhos e hemoglobina. Intensa e estimulante, é uma cor indicada para afastar a depressão e o desânimo. É a cor das paixões, conquistas e sexualidade. Mas é preciso cuidado no uso antes de dormir, pois pode tirar o sono, deixando a pessoa agitada.

Já o preto lembra a terra, o carvão, o petróleo e algumas outras fontes de energia. Essa mesma cor também lembra a sombra e a noite, essenciais para mostrar a existência e a importância da luz. O preto também fala de poder e de absorção. No inverno é a cor mais usada por reter calor, por isso seu uso é desaconselhável no verão.

Além disso, essa cor, ou ausência dela, se traduz em foco, ausência de dispersão e conexão interior. Trata-se do aspecto de poder interior.

Há um aspecto interessante a se observar: a cor preta se traduz também na discrição. Exus trabalham sem precisar do aplauso e do reconhecimento alheio.

Algumas entidades, das linhas da Calunga, também utilizam outras cores.

A pombagira Maria Quitéria é vista muitas vezes com roupas e paramentos amarelo e roxo. Aliás, como sabemos, o amarelo é a cor, por excelência, de exus e pombagiras que trabalham nos cemitérios.

Isso, sem esquecer que o azul-escuro também pode estar presente em certas qualidades de exu.

Mas não são apenas as cores que precisam ser estudadas, há outros elementos que foram mal interpretados e relacionados com figuras diabólicas, contrariando a lógica. Outro símbolo muito presente nos pontos riscados e nas imagens de exus é o tridente.

Para a cultura celta, que se estendeu por todo oeste da Europa, sobretudo norte da França, Inglaterra e Escócia, o tridente é um símbolo sagrado cujas pontas simbolizavam a relação com a Deusa Tríplice, em rituais de fertilidade.

Em outra cultura milenar, a hindu, o tridente, chamado de "Trishula", está relacionado a Shiva, divindade que representa a energia criativa, e fala de transformação e destruição. Seu tridente é a ferramenta de ação de seus três poderes: o destruidor, o preservador e o criador. Ele também pode representar o tempo, em passado, presente e futuro.

Na Grécia, e posteriormente em Roma, Poseidon – ou Netuno – era o deus conhecido como o Senhor dos Mares. Seu Tridente, quando fincado na terra, deixava o mar agitado e era, para essas sociedades, a razão dos maremotos. Mais uma vez vemos aí a ação, similar à de Exu, que rompe a inércia de uma situação e dá origem a algo novo.

A razão única e já estudada, pela qual o tridente foi associado ao diabo cristão, é a estratégia da Igreja Católica em chamar de demoníaca qualquer outra divindade que não fosse a dela. Tudo o que remetesse a outros deuses foi considerado símbolo do mal.

Atualmente a psicologia se utiliza da 23ª letra do alfabeto grego, o "psi", para representá-la. Sua grafia lembra fortemente o tridente. Sigmund Freud, pai da psicanálise, dizia que a letra poderia simbolizar as forças do inconsciente: id (inconsciente), ego (pré-consciente) e superego (consciente). Também, há quem defenda que a letra representa as três pulsões humanas: sexualidade, autoconservação e espiritualidade.

No caso dos exus, o tridente é usado como ferramenta energética para proteção: sem esquecer de sua função simbólica, o tridente como símbolo do Universo, da união e da totalidade, ou ainda, síntese da Santíssima Trindade.

O tridente, símbolo de divindades em muitas culturas, também foi transformado em algo demoníaco porque a Igreja Católica queria acabar com qualquer outra religião ou divindade que não estivesse presente em sua doutrina.

Neste momento, vale outra explicação: muitos exus, como os caveira, são vistos por médiuns em formas que causam medo, o que poderia ser interpretado como prova que tais espíritos não são de luz.

A explicação é simples: exus são guardiães e são chamados para garantir a ordem nos trabalhos espirituais, principalmente, contra espíritos desencarnados perdidos e arruaceiros. Eles precisam impor autoridade e, de certo modo, até temor.

Espíritos que se apresentassem como crianças angelicais ou velhos bondosos não causariam, aos espíritos rebeldes, a mesma reação que homens grandes, de aparência sisuda e roupas militares. Se bem analisarmos, o mesmo ocorre na Terra, com os encarnados: seguranças, soldados e militares têm expressão de poucos amigos, poucos gestos, um comportamento ríspido e roupas desenhadas para impor autoridade e respeito.

Se as pombagiras não são prostitutas, por que são tão sensuais?

Essa pergunta já carrega uma enorme carga de preconceito. Por que um espírito não pode ser sensual? Veja que não estamos falando de vulgaridade ou pornografia.

E por que ele não pode ter como missão orientar as pessoas a lidar com a sexualidade como algo natural? Ela não é só responsável pela reprodução das espécies, como para os seres humanos, é também uma expressão do afeto e do amor.

A sexualidade é uma forma de garantir prazer físico para mulheres e homens. Durante muito tempo o sexo foi considerado sujo e pecaminoso. As mulheres, por sua vez, deveriam se envergonhar do próprio corpo ou do prazer sexual.

O principal objetivo de tirar o prazer sexual feminino era manter as mulheres oprimidas, subjugadas, e impedir que tivessem domínio de si mesmas.

Enquanto uma sociedade machista valoriza o homem conquistador, o reprodutor, muitas vezes bígamos ou até polígamos, condena a mulher que se apresenta sedutora, senhora de si e feliz com sua liberdade.

Durante a história, todos sabem que mulheres que se recusaram a ser dominadas ou caladas foram tachadas de bruxas, ou prostitutas, dependendo da idade, da forma física ou do que pensavam.

Certos estudiosos das religiões judaico-cristãs entendem que a primeira mulher criada por Deus não foi Eva, mas Lilith, um nome temido pelos jovens judeus e a quem se atribuiu o nome de Lua Negra.

Lilith, contam as escrituras, após criada para ser a companheira de Adão, se recusou a ser dominada por ele. No ato sexual, conta a Gênese, ela preferia estar sobre o parceiro e não sob ele, deitada. Dada sua rebeldia, foi marginalizada, rejeitada e substituída por Eva.

Esta, por sua vez, foi considerada a grande responsável pela expulsão de Adão e de si própria do Paraíso. Isso porque desobedeceu a ordens e foi buscar o conhecimento e a sabedoria, comendo o fruto da árvore da sabedoria. Durante muitos anos, as mulheres foram culpadas pelo pecado original porque, segundo os homens, foram desobedientes e "arrogantes", buscando ter conhecimento.

A redenção feminina só se deu, séculos mais tarde, graças a Maria de Nazaré, mãe de Jesus.

Estudos também mostram que Maria de Magdala poderia ter sido também discípula de Jesus, assim como outras mulheres. Mas seus papéis foram diminuídos nas narrativas históricas, dando protagonismo apenas aos discípulos homens.

As pombagiras vêm trazendo há décadas, em suas incorporações, o empoderamento feminino e buscam recuperar o controle das mulheres sobre seus próprios corpos. Elas vêm resgatar o prazer das mulheres em serem femininas, delicadas, prestativas, mas nem por isso submissas.

Em suas danças e risadas, querem combater a falsa ideia que só existe um tipo de mulher possível: a recatada e do lar. Essa também pode ser excelente modelo, se a mulher assim se sentir confortável, mas não o único. Como se diz atualmente, lugar de mulher é onde ela quiser.

Durante um ritual, quando uma pombagira convida um assistente para dançar, é para que ela realize um trabalho bioenergético. Na maioria das vezes, as pessoas "mais travadas" são aquelas convidadas para a dança. Sentem-se constrangidas e com dificuldade para soltar-se. Tal situação justamente mostra a necessidade de um indivíduo de libertar-se de medos, culpas e preconceitos que lhe foram incutidos e movimentar energias em seus chacras, a começar pelo básico, ou também chamado genésico.

Muitas doenças começam por conta de energias bloqueadas. O ser humano emocional e fisicamente saudável percebe a energia ki circular, sem obstruções por todo o organismo.

O que é a Quimbanda?

Vivemos em um mundo de frequências energéticas variadas. Tanto os encarnados quanto os desencarnados.

Em um mesmo espaço geográfico – uma cidade, um bairro ou uma rua –, por exemplo, coexistem vários universos vibratórios, energéticos e espirituais. Dos mais equilibrados e pacíficos, aos mais agressivos e perturbados. Tudo isso é resultado do universo interior dos indivíduos. A forma como você pensa, sente e vibra, determina o seu universo vibratório e, consequentemente, a sua realidade, o que você emana, atrai, e as relações que você nutre.

As situações que você vive, as pessoas com quem você convive são resultados desse campo vibratório.

No Evangelho do Cristo, encontramos a máxima: há muitas moradas no Reino do meu pai. Há quem interprete como sendo a existência de vida em outros planetas, o que nos parece também totalmente possível, mas podemos considerar como sendo também a existência de vários universos energéticos e vibratórios na Terra.

Quando se fala de céu ou inferno, fica sempre aquela dúvida: onde será que se encontram geograficamente? Há quem diga que o inferno é no centro da Terra, e o paraíso, sobre o nosso planeta. Mas será que é verdade?

Os cientistas falam hoje de não apenas um Universo, mas vários deles. Os chamados multiversos. Lembrando que o prefixo "uni" significa "um", e o prefixo "multi", fala de vários. Existem também muitas teorias que mencionam universos paralelos. O que poderia ser entendido como as diversas dimensões energéticas ou também os diferentes reinos dos Céus.

Como já dissemos anteriormente e falaremos em outros capítulos, a fé deve andar acompanhada da razão, do pensamento. Podemos manter uma crença enquanto não houver nada na ciência que comprove o contrário.

Aqui vale abrir parênteses. É possível acreditar na vida após a morte, a reencarnação, a mediunidade? Sim, porque existem evidências. E, se de um lado os descrentes dizem que não se consegue provar que existem, por outro lado, também não conseguem provar que não existem.

Há inúmeros relatos de crianças pequenas que falam línguas mortas, sem que tivessem tido contato com tais idiomas. Da mesma forma que são estudadas as lembranças de crianças que trazem informações de vidas passadas e que depois têm as informações comprovadas.

Todos conhecemos os casos de médiuns que psicografam mensagens de espíritos desencarnados para famílias com quem nunca tiveram contato, trazendo detalhes íntimos. Há também médiuns, como Luiz Antonio Gasparetto, que pintava, ao mesmo tempo, dois ou três quadros diferentes em poucos minutos, com o mesmo estilo e assinatura de pintores famosos. Para tudo isso a ciência tenta achar explicações, mas elas não são definitivas.

Fechando os parênteses e voltando aos diversos planos vibratórios, os espíritos explicam que, depois da morte, existem várias realidades com as quais o morto pode se deparar, dependendo do universo emocional e mental que cultivou ainda em vida.

As pessoas perturbadas ao desencarnarem, dependendo da intensidade de seus desequilíbrios, podem se deparar com os diversos níveis de Umbral ou mesmo com as Trevas.

Mas diferentemente do que se pensa, não necessariamente o Umbral ou as Trevas, regiões em que existe muita ignorância e maldade, são repletas de fogo. Espíritos, por meio de várias obras mediúnicas, explicam que podem sentir muito frio nesses lugares. Muito dessa ideia de calor veio do livro de Dante Alighieri. A única constatação comum e feita por vários médiuns é de que tais planos astrais são espaços caóticos, desorganizados, sujos e feios.

Embora exista no Brasil, a religião chamada Quimbanda, que não tem nada a ver com magia negra, mas se refere a um culto essencialmente de Exus, para nós, a Kimbanda, ou Quimbanda, é a faixa vibratória em que vivem e trabalham os exus. Uma frequência de realização, força e intensidade energética.

Não se pode confundir a quimbanda com o cazembé, uma outra região vibratória de sombras e energias densas, de muito sofrimento e dor, onde também trabalham os exus resgatando espíritos.

Lembrando sempre que o trabalho dos exus e pombagiras se dá principalmente na manutenção da ordem e no resgate de irmãos muito desequilibrados que lá foram parar.

Por que se fala que tem que se pagar para os exus?

Os espíritos desencarnados vivem, é claro, em uma dimensão em que bens materiais não têm nenhum valor.

No passado, médiuns charlatães, que se diziam incorporados por exus e pombagiras, pediam presentes para si próprios, usando de forma indevida o nome dessas entidades que são sempre sérias.

Mas é importante lembrar que Exu rege a troca. Como já dito, é um Orixá associado ao planeta Mercúrio, que era o grande comerciante, para os gregos e romanos. Da mesma maneira, Exu, também para os africanos, fala de mercados e comércio.

Só que o preço cobrado por Exu não é um bem material para si próprio e muito menos para o médium em quem incorpora.

Exu mostra que tudo tem um preço na vida. Todas as nossas escolhas implicam em uma perda. Quando se escolhe casar-se, o indivíduo decide ter uma companhia, alguém com quem divida sonhos. Neste momento, abdica de uma série de liberdades e companhias. E embora o casamento não seja uma prisão, implica em lembrar todo o tempo que existe uma outra alma, um outro coração, com sentimentos, sonhos e dores acompanhando a trajetória.

Mesmo para a felicidade de um matrimônio, há preço a se pagar. O que se espera dos negócios, do trabalho e até para a saúde. Corpo esbelto exige a renúncia do tempo ocioso para exercícios físicos e dieta alimentar.

Quando em uma gira, exu pede cachaça, charuto ou qualquer outro elemento material, como a farofa, é para ser utilizado como elemento energético para um trabalho, seja de cura, ou abertura de caminhos.

E tal pedido serve também para lembrar o consulente que, no Universo, a melhor relação é sempre de troca. Quando um indivíduo apenas doa, e o outro apenas recebe, há um desajuste, um desequilíbrio para ambas as partes.

Daí que, para Exu, a frase "é melhor ensinar a pescar que dar o peixe" faz todo o sentido. Nada pode ser dado de graça, tudo tem um preço, mesmo que a disciplina.

Dentro dessa ideia de troca ou pagamento, para Exu, há pessoas que, ao entrarem em uma estrada, rodovia ou ferrovia, jogam moedas pela janela como forma de pedir proteção para a viagem. Embora seja possível entender tais práticas, geralmente psicológicas, é preciso se perguntar: uma prece já não resolveria?

Há pessoas mais práticas que ao viajarem entregam as mesmas moedas para um pedinte. Trata-se de um gesto simbólico, mas de maior utilidade e educação do que jogar coisas nas estradas.

Até porque já tivemos oportunidade de falar: nenhuma manifestação de fé pode interferir no espaço público e causar embaraços para pessoas que professem outra fé. É totalmente condenável sujar a Natureza a pretexto de cultuar Orixás. Não só porque vai contra o princípio básico de preservar o meio ambiente, mas também pelo fato de que é tão rude e desagradável quanto aquelas pessoas que entram em trens e ônibus fazendo pregações. A fé deve ser praticada no espaço privado, seja qual for a religião.

O que são os pontos riscados de exus?

Uma das mais importantes leis de magia é o princípio da correspondência. Ela diz, entre outras coisas, que tudo pode ter uma representação simbólica em um ritual, desde que haja um vínculo coerente vibratório e energético entre o que representa e o que é representado. Tal ligação se dá mediante objetos e desenhos.

A linguagem simbólica acontece desde sempre e a todo momento. Arqueólogos acharam desenhos rupestres em cavernas. Muito possivelmente para fins mágicos.

O número 1 é um símbolo. A letra "A" também. Assim como uns riscos podem simbolizar uma casa.

Nos rituais, o uso de símbolos é mais facilmente percebido. Por exemplo, no *réveillon* muita gente usa branco para atrair paz. Ou usa uma peça de ouro para atrair prosperidade. Uma folha de louro na carteira também corresponde a fartura, segundo os costumes do nosso povo. A hóstia representa o corpo do Cristo; e o vinho, seu sangue.

Certos elementos ganharam força e energia com o passar do tempo. Muito por conta da egrégora formada a partir da crença de muitas pessoas. Um crucifixo, por exemplo, tem uma grande força protetora.

Quando falamos de símbolos, é preciso ter um alinhamento vibratório. Ou seja, precisamos também lembrar que tudo vibra em uma frequência, inclusive, as cores. Ninguém pode simbolizar com a tranquilidade e serenidade usando a cor vermelha. Nem criar um símbolo de ação, impulso, com a cor branca. Muito menos ninguém se conecta com a energia da prosperidade usando a cor marrom.

Quando os espíritos fazem pontos riscados – no chão, em uma pedra de ardósia ou em um tecido – estão trabalhando com mandalas, que abrem ou fecham portais, ou ainda assentando determinadas energias. Os pontos riscados são como assinaturas, eles trazem mensagens importantes do trabalho das entidades que os desenham.

Nos pontos que as entidades desenham ao incorporar em uma gira, existem informações sobre os Orixás com os quais trabalham, a linha da qual fazem parte, os objetivos do trabalho, elementos de segurança e até que tipo de vínculo liga o médium ao espírito desencarnado.

A interpretação de um ponto riscado envolve um processo iniciático e conhecimentos em linguagem simbólica, além, é claro, de domínio profundo dos fundamentos de tradições da magia, geometria sagrada e símbolos esotéricos.

É muito interessante que médiuns sem nenhum tipo de conhecimento esotérico, quando incorporados, reproduzem, nos pontos riscados de exus, elementos dos alfabetos babilônicos, hebraicos, dos magos, de Paracelso e figuras alquímicas.

Em sua maioria, os pontos riscados devem ser preservados e nunca divulgados publicamente. Ninguém disponibiliza publicamente senhas de acessos a contas bancárias ou assinaturas, sob o risco de segurança.

Em uma mandala, o círculo que a envolve se refere a um universo limitado. Espirais traduzem vibrações; cruzes, o encontro do sagrado e do universo material; meios, círculos, absorção ou imantação. Já a curva sempre indica flexibilidade e consciência; espirais indicam movimento; e as linhas retas, potência.

Por essa razão, os pontos riscados de exus possuem tridentes retos, já os das pombagiras apresentam formas arredondadas. Há quem busque analogia com a anatomia feminina, o que não nos parece convincente.

Isso não significa que um ponto de exu não possa ter formas e tridentes arredondados, como os das pombagiras, mas a estrutura sobre a qual o ponto se mantém deve ser a de um tridente reto. O inverso também é real, ou seja, mesmo fundamento vale para as pombagiras.

Nessa altura, nem é preciso dizer que todo trabalho de fogo pede por potência e consciência.

Os pontos riscados dos exus e das pombagiras podem servir, como já dissemos, como meio de identificar para que falanges os espíritos trabalham, assim como para descarregar pessoas, objetos e lugares, quebrar feitiços, abrir caminhos, apoiar curas e abrir portais interdimensionais.

Lembro-me de um caso interessante. Certa vez, um familiar me disse que um conhecido seu tinha a mania de incorporar uma pombagira nos lugares mais inusitados: de almoços de família a boates.

Bastava beber alguns drinks que a "entidade" se manifestava dando conselhos que ninguém pedia. Aliás, é uma lenda urbana a ser combatida a história de quem diz que basta começar a beber, que sente a presença de mortos.

Basta o mínimo de conhecimento espiritual para saber que nenhum espírito de luz se prestaria ao papel de incorporar em um médium embriagado, dar conselho sem ser requisitado e menos ainda em ambientes públicos ou privados sem segurança vibratória, ou liturgia.

Se tal fato ocorrer, mais uma vez, é clara manifestação de charlatanismo, animismo ou obsessão.

Em certa ocasião, o tal conhecido recebeu, em uma festa de aniversário na casa do familiar, a tal "pombagira". Fui chamado para acudir. Como minha paciência com quem brinca com os meus valores sagrados é próxima a zero, peguei uma pemba – aquele giz que é usado nas giras – e pedi para a pombagira se identificar e desenhar seu ponto riscado. Ela fingiu dar uma gargalhada e disse que não entendia o que eu falava. "Desincorporou" em poucos segundos.

É claro que a tal pessoa incorporou qualquer coisa, menos uma pombagira.

Muito se engana quem copia os pontos disponíveis em livros e na internet com o nome das entidades e pensa que vai enganar os dirigentes de uma casa, que conhecem a fundo tais mistérios e percebem a vibração que é irradiada de uma mandala. Até porque o ponto riscado, exceto para alguns rituais e trabalhos, é individual e intransferível.

As entidades da Quimbanda usam geralmente a pemba preta e vermelha, dependendo do símbolo a ser desenhado.

CAPÍTULO 3

O trabalho da Esquerda

Por que se fala de Esquerda e Direita na Umbanda?

Há uma explicação histórica para se posicionar exus e pombagiras à esquerda na Umbanda, sempre vinculada à quebra de modelos e paradigmas. Na França, antes de sua revolução em 1789, os que apoiavam o rei e eram conservadores ficavam à direita do púlpito principal na Assembleia Nacional – o parlamento da época; já aqueles que pediam mudanças ficavam à esquerda.

Por essa razão, com o decorrer do tempo, tudo o que representa mudança e combate ao antigo é considerado de esquerda, e os valores conservadores, são identificados com a direita.

No caso dos exus e pombagiras, são eles, como vimos, que mexem com as grandes mudanças; a quebra de rotinas e o início de novos processos.

Como falam de liberdade e autodomínio, valorizando o próprio poder e não aceitando a dominação, são considerados de esquerda.

Há quem diga que falam do coração, situado ao lado esquerdo do corpo, mas isso não é unanimidade.

Os rituais são feitos somente à noite?

Eis um preconceito na Umbanda tradicional. Veja que no Candomblé, os orôs (rezas), assim como as festas de Exu, podem ser realizados durante o dia sem nenhum problema.

Embora exu, para a Umbanda, represente, além da força que dá início a tudo, a consciência da luz na sombra, não há razão nenhuma, a não ser mera questão de tradição, de que as giras sejam obrigatoriamente à noite.

Exus e pombagiras não trabalham apenas à noite. A proteção que eles nos oferecem é durante 24 horas. A ideia de que exu e pombagira estão ligados ao universo noturno é uma identificação com o universo boêmio e com tudo aquilo que causa medo e estranhamento.

Embora as cores de exu sejam o preto e vermelho, essas entidades podem aparecer perfeitamente durante o dia com roupas claras, como no caso de Seu Zé Pelintra, em seu impecável terno branco.

Outro falso julgamento que deve ser combatido é aquele segundo o qual crianças não podem participar de giras de exus e pombagiras. Se em um trabalho na Umbanda, um exu ou pombagira causar constrangimento aos pais e apresentar algo que uma criança não deva ver, faz-se necessária a urgente intervenção dos dirigentes.

Quais são as comidas de exu?

Nas lendas africanas diz-se que Exu come tudo. Isso é verdade, do ponto de vista energético, uma vez que Exu é o início de qualquer projeto e para isso uma grande quantidade de energia é necessária.

Lembramos mais uma vez que o verbo comer é simbólico. O Orixá não precisa de alimentos físicos, tampouco as entidades desencarnadas. O fluido dos alimentos é utilizado para alimentar a ligação vibratória do encarnado com o Orixá e/ou os guias, ou serve ainda para ajudar nos trabalhos de abertura de caminhos e na cura.

O primeiro e mais famoso prato que se serve para exu é o padê de dendê. Trata-se de uma farofa, feita com farinha de mandioca, óleo de dendê e pimenta dedo-de-moça.

Junte o dendê à farinha, mexendo bem para que ela fique toda amarela e úmida. Serve-se no alguidar com sete pimentas dedo-de-moça vermelha. Há quem também utilize cebola frita no dendê, mas para isso existem necessidade e solicitação do exu do próprio indivíduo.

É possível também fazer as farofas com mel ou com cachaça. O procedimento é o mesmo, mas no lugar do dendê se utiliza um vidro de mel (o de abelhas, não o melaço) ou meia garrafa de cachaça.

Para determinados trabalhos, se faz a farofa com água.

A bebida de exu é a cachaça, conhecida por marafa ou otim. A mais simples que encontrar. Existem espíritos de exu que pedem uísque, conhaque e até vinho tinto, mas é algo específico da entidade e seu médium.

Quais são as comidas das pombagiras?

As oferendas para pombagiras envolvem farofa de mel, ou mesmo a farofa de dendê, do mesmo modo como se prepara para exu, sem as pimentas. Oferecem-se também, em alguidares, um abacaxi em rodelas regado em vinho espumante e uvas.

Há entidades que trabalham também com cerejas e maçãs, assim como as que utilizam a canela. São particularidades que devem ser respeitadas porque envolvem segredos e fundamentos de trabalho do próprio espírito.

A bebida mais tradicional para pombagira é o espumante, mas há entidades que também aceitam vinhos licorosos ou ainda vinho rosé.

Em determinados trabalhos, as farofas feitas com água também são aceitas, geralmente acrescidas de frutas, principalmente ácidas.

Que outros elementos são utilizados nos cultos de exu?

Nos rituais de exus e pombagiras, também são utilizadas ervas, sempre com alto teor de fogo, ou seja, energia de alta frequência, para estimular chacras e desmanchar feitiços. No final do livro, você tem acesso à lista de ervas consagradas ao Orixá Exu, aos exus e pombagiras.

Nos rituais de exus, são oferecidas bebidas alcoólicas. Ao contrário do que se pensa, não é para o prazer das entidades, mas o álcool oferece propriedades antissépticas e voláteis que limpam ambientes e descarregam campos energéticos.

Já os charutos, cigarros e cigarrilhas são utilizados para queimar miasmas e vibriões astrais presentes nos campos energéticos das pessoas. Podemos dizer que funcionam como defumadores individuais e uma cortina que protege energeticamente os médiuns incorporados.

Há exus e pombagiras que trabalham com punhais. Por razões de segurança nos terreiros, uma vez que se trata de armas brancas, o uso fica restrito às entidades dos pais ou mães de santo. Simbolicamente tais punhais servem para rituais de proteção e quebra de magias. Lembrando que na Umbanda não existe o uso de sangue em circunstância alguma.

E embora não se use na Umbanda o sangue, vale aqui uma pequena explicação quanto à questão dos sacrifícios de animais nas demais religiões de matriz africana, como o Candomblé.

No passado, a maior parte das religiões, inclusive a judaica, aceitava a prática da imolação. Na Bíblia, conta o Antigo Testamento, que a contenda entre os filhos de Adão e Eva se deu por conta de ciúmes da relação que um tinha com Deus. Abel, pastor, era também preferido por Deus por oferecer sempre animais robustos em suas orações, enquanto Caim, agricultor, oferecia apenas vegetais. Os sacerdotes hebreus sempre pediam cordeiros como ofertas dos fiéis.

É preciso explicar que o sacrifício de animais pelos africanos obedecia à seguinte lógica: sempre que a comunidade se reunia para celebrar um Orixá, havia uma grande festa, com refeição coletiva. No continente africano, a escassez de alimentos ainda é uma realidade. O animal era morto de forma litúrgica, por um sacerdote chamado Axogun, que tinha técnicas para diminuir a dor dos bichos. Assim como fazem os judeus, ainda hoje, nos abatedouros, em que os animais são mortos de forma diferente para produzir a carne comum, ou não "kosher" esclarecendo-se que o termo "kosher" se refere a um conjunto de regras adotadas pelos judeus na escolha e preparação dos alimentos.

A carne então era usada nos almoços da comunidade e aquilo que não seria consumido, como o sangue e os órgãos internos, por exemplo, eram oferecidos para as divindades, de forma simbólica. Até porque os Orixás não precisam de sacrifícios, já que são expressões de Deus. Oxóssi, o senhor das matas e das florestas, por exemplo, não precisa de um galo para si. Ou seja, era a tal da prática de separar parte da comida para o santo.

O mais importante e famoso pai de santo do Candomblé brasileiro, Pai Agenor Miranda, já falecido, cujo jogo de búzios determinava as Ialorixás que comandariam os principais terreiros da Bahia, por diversas vezes explicou que o mais importante na magia são as ervas. Ele próprio nunca sacrificou animais, já que não organizava festas em sua casa, e dizia que conseguia resolver tudo com a seiva, o sangue verde das ervas.

Há, no entanto, indivíduos que nunca foram preparados para serem pais ou mães de santo e que matam animais, inclusive para magia negra. Isso não é Candomblé e nem Umbanda. Pilantras existem, infelizmente, em qualquer religião.

Há exus ainda que trabalham com pedras e pombagiras que utilizam oráculos em suas consultas. As pedras conseguem absorver determinadas energias e transmutá-las. Os minerais também podem assimilar e guardar outras energias. Por isso são imantados em magias. Diferentemente das plantas que são perecíveis, aquilo que é magnetizado em um mineral pode permanecer por muitos anos.

No final da obra, existe uma lista com as pedras consagradas para Exu e suas propriedades energéticas.

As capas dos exus também têm um efeito simbólico. Um exu que envolve um consulente com ela quer dizer que tal pessoa está sob sua proteção. A maior parte dos exus e pombagiras também utilizam paramentos nas cabeças. Trata-se de uma forma simbólica de proteger o chacra coronário.

Nos trabalhos de Exu, são utilizados também carvão, terra preta, areia vermelha e pedras.

Onde são os campos de trabalho dos exus?

Não existe limite de tempo ou espaço para o trabalho dos exus e pombagiras. Como vimos, eles nos acompanham dia e noite e garantem a nossa proteção.

Da mesma maneira que não existe uma hora do dia para sua invocação ou incorporação, nada impede que exus e pombagiras se apresentem em qualquer lugar ou horário, desde que a invocação seja por uma razão importante, grave, e que certos cuidados sejam tomados.

Existem, no entanto, campos de força em que suas ações se tornam mais potentes. São como portais de energia que possibilitam, inclusive, mudanças de frequências vibratórias, descarregos com maior intensidade e alterações nos estados de consciência.

São eles as encruzilhadas, em cruz e T (a primeira com quatro esquinas e a segunda, com duas esquinas); os cemitérios; os cruzeiros das almas; o mar; as matas e praças de comércio.

Isso, sem esquecer dos centros de Umbanda e casas de Candomblé, com seus espaços destinados ao Orixá Exu e aos espíritos que trabalham na Esquerda.

Há cada vez maior consciência dos médiuns para se evitar, ao máximo, a entrega de trabalhos para exus em espaços públicos. Da mesma maneira, um movimento cada vez maior na Umbanda e Candomblé pede que se evite fazer entregas na Natureza. Não só para não se poluir mares, mas também para evitar incêndios em matas e problemas com animais silvestres.

Por que mesmo nos rituais da Direita se trabalha com exu?

Exus são guardiões que protegem os terreiros e seus médiuns. Uma vez que já foi desmentida a ideia de que são espíritos malignos ou ignorantes, não há por que não pedir e ter a honra de suas companhias nos diversos trabalhos espirituais de uma casa.

Há quem estranhe em uma consulta que um preto velho ou um caboclo mencione a presença de um exu, ou pombagira em uma gira, como se fossem intrusos nas próprias casas que protegem.

Em uma gira da direita, há inúmeros trabalhos de descarrego, quebra de feitiços e encaminhamentos de espíritos desorientados, em que a presença de exus é imprescindível, mesmo não incorporados. Nos casos de abertura de caminho, também, esses mestres atuam de forma direta e muitas vezes de forma anônima.

É preciso observar que o conhecimento é revelado aos poucos e conforme o grau de consciência da humanidade. Quando se leem certas obras de Chico Xavier, publicadas nos anos de 1930 e 1940, percebe-se que se falava de TVs de tela plana, internet e muitas tecnologias que hoje nos são corriqueiras, mas altamente assustadoras para os leitores da época. Chico, em seus livros, nos fala de guardiões dos trabalhos espirituais. Seriam os atuais exus?

Certamente a sociedade da época não estava preparada para uma série de revelações que hoje estão disponíveis. Profetas e sábios sempre souberam o valor do tempo e das informações desperdiçadas quando não há maturidade. Há pouco mais de quarenta anos, no Brasil, não havia divórcio e a sexualidade, ainda um tabu. Como falar de pombagiras, trabalhando a consciência da sensualidade e empoderando mulheres?

A influência católica ainda era muito presente na sociedade, e certos preconceitos, inclusive com o Candomblé e Umbanda, pareciam insuperáveis naquele momento histórico.

Daí que muitas ideias equivocadas sobre exus e pombagiras corriam de boca em boca. É preciso, portanto, evoluir a religião em seu conhecimento e prática, sem alterar, obviamente, os princípios éticos e morais, que são perenes.

CAPÍTULO 4

Exu Mirim

Quem é Exu Mirim?

Engana-se quem pensa que Exu Mirim é o espírito que na Terra foi uma criança marginalizada ou menor abandonado. Há quem imagine que estamos falando dos espíritos de meninos de rua ou pequenos criminosos. Tal equívoco surgiu quando entidades pequenas foram vistas nas giras de esquerda e tinham comportamentos não condizentes com aqueles dos adultos.

Exu Mirim não é um Orixá. Tampouco é uma pessoa que desencarnou ou se apresenta como criança. Menos ainda exus e pombagiras que se apresentam como anões. Um Exu Mirim ainda não reencarnou como humano. É o que chamamos Elemental da Natureza.

Elementais da Natureza são consciências que já saíram do estado irracional, mas ainda não tiveram uma experiência humana como encarnados.

Há quem diga que são espíritos que explicariam o elo perdido entre os animais não dotados de racionalidade e os humanos. Por mais fantástico ou esquisito que possa parecer, tais entidades sempre existiram e se apresentaram no decorrer da História humana.

Os Elementais trabalham na manutenção da vida, atuando com a energia dos Orixás. Assim, cada elemento da Natureza e cada Orixá tem seus pequenos guardiões.

Outras tradições já cultuam há milênios certos elementais como salamandras, gnomos, duendes, fadas e silfos.

Na Umbanda, tais seres também têm importância reconhecida. As ondinas, por exemplo, são Elementais ligados a Iemanjá e atuam na limpeza das giras de marinheiros.

Os gnomos trabalham com o Orixá Oxóssi. Na tradição africana fala-se de Aroni, um Elemental que está vinculado a Ossãe. Na tradição indígena falava-se de Curupira ou do Saci-Pererê. Embora as imagens que nos chegam não sejam verdadeiras e se tornaram folclóricas, tais forças existem e se manifestam na Natureza.

Tais seres também eram cultuados nas tradições greco-romanas. Estamos falando dos famosos cupidos, que mais tarde se transformaram nos anjos pequenos e rechonchudos na Igreja Católica.

Os exus mirins são Elementais que estão vinculados ao Orixá Exu e trabalham com os espíritos dos exus e pombagiras.

Eles possuem duas funções muito específicas: a primeira dela é dispositiva. São seres que disparam e ativam o elemento Exu nas mais diversas situações. É como se virassem a chave de ignição de um veículo.

A segunda delas é redutora: eles encolhem, diminuem a potência de algo que está desequilibrando uma situação.

O mirim pode estimular o fogo em uma determinada situação, fomentando a libido, assim como pode, após uma gira, com ajuda das salamandras, destruir magias, e reduzir, até a extinção, os vínculos vibratórios e energéticos entre encarnados e desencarnados.

Geralmente Exu Mirim se manifesta no final de uma gira para uma limpeza final do ambiente, transmutando as poucas energias de baixa frequência que podem ter restado no trabalho.

Tais espíritos são ingênuos e irreverentes, buscando imitar o comportamento dos exus e pombagiras. Eles utilizam do cigarro e das bebidas alcóolicas também para a limpeza energética. Não havendo razão para escândalo porque não se trata de espíritos de crianças fumando e bebendo.

Graças ao intelecto, que ainda não está totalmente desenvolvido, sentem-se algumas vezes como polaridade das crianças da Direita. Mas repetimos: ainda não são formas 100% humanas, mas, sim, Elementais. Isso explica as poucas vezes que incorporam, porque não existe uma equivalência, inclusive de chacras, com os médiuns.

Acham graça de tudo e olham para as coisas com olhar simplório. Tudo lhes desperta atenção e curiosidade. Em hipótese alguma se deve negociar com eles. Até porque eles cobrarão aquilo que lhes foi prometido.

Embora estejam sob a tutela dos exus e pombagiras, possuem livre arbítrio e podem azucrinar quem lhes falte com respeito.

Qual a diferença entre Exu Mirim e os Exus?

Como explicado anteriormente, a principal diferença está na consciência humana.

Embora busquem imitar o comportamento dos exus e pombagiras, os exus mirins se apresentam na forma humanoide, no entanto, são Elementais.

Certas manifestações dos exus mirins, assim como acontece com as demais entidades, na Esquerda ou na Direita, são reflexos também dos condicionamentos dos médiuns.

O Exu Mirim só irá falar palavrão se isso for um hábito do médium. Como acontece em toda manifestação mediúnica, o espírito, a forma de pensamento, o kiumba ou o Elemental se utilizará do repertório mediúnico do encarnado.

São quase inexistentes incorporações inconscientes. E é por essa razão que, mesmo entidades diferentes, têm uma semelhança entre si, quando manifestadas em um médium. Esse ponto comum, de conexão, é a consciência, o repertório, os conhecimentos, o linguajar e o corpo de um encarnado.

Aproveitamos aqui para outro esclarecimento. A diferença entre criança, erê e Exu Mirim.

A criança na Umbanda foi um espírito que reencarnou na Terra, irá ainda reencarnar outras vezes e que pode ter desencarnado ainda quando criança. Dizemos que pode ter desencarnado, mas não necessariamente desencarnou muito jovem. Lembramos que o espírito no plano astral pode assumir a forma que desejar, e alguns escolhem se apresentar como crianças nos trabalhos mediúnicos.

Já o erê no Candomblé é uma manifestação anímica de consciência. Trata-se de uma consciência do médium que consegue decodificar a mensagem do Orixá e trazê-la para a consciência.

Aqui vale uma explicação mais detalhada dos diversos corpos astrais que possuímos para melhor entendimento do erê.

O ser humano é composto de vários corpos, com densidades e funções diferentes. O corpo físico é aquele que permite ao espírito atuar e ter experiências na nossa dimensão. É ele que come, bebe, tem suas necessidades físicas. O corpo etérico é uma expressão fluídica do corpo físico, é a chamada aura, e faz a ligação entre o corpo físico, denso, e os demais corpos, que são sutis. O corpo mental é aquele que capta as informações do inconsciente coletivo.

Imagine que no ambiente estejam circulando várias ondas e pensamentos, como os da rádio e os do telefone. O corpo mental é o que capta os pensamentos que estão no ar. Muitas vezes captamos pensamentos que não são nossos, como no caso da telepatia, ou da obsessão. É o corpo mental que serve de rádio para a sintonia.

Já o corpo astral é aquele que usamos quando desencarnados, o que abriga a chama divina, chamada de espírito.

Um desses corpos é chamado de erê, o que capta as informações do Orixá, que nunca fala, e traduz para a consciência humana.

E o Exu Mirim é um espírito que ainda não tem a forma humana.

Como se dividem os Exus Mirins?

Os exus mirins são divididos conforme os Orixás para os quais trabalham e segundo os campos de trabalho, seguindo a mesma lógica dos exus e pombagiras.

Segundo o seu tutor, recebem o nome no diminutivo. Assim, o Exu Mirim Caveirinha está sob orientação do Exu Caveira; o Exu Mirim Sete Garfinhos, sob responsabilidade do Exu Sete Garfos.

Há também exus mirins na consciência feminina. Há quem se refira a eles como pombagiras mirins, embora não seja comum tal denominação. Para ambos utilizamos o termo Exu Mirim. Mas a lógica dos nomes é a mesma: rosa caveirinha etc.

Não necessariamente o Exu Mirim que incorpora em um médium é o mesmo que está sob tutela do exu que protege um indivíduo. Até porque podemos ter mais de um protetor. No caso dos pais e mães de santo, há uma variedade de exus, pombagiras e Exus Mirins que se manifestam através de suas mediunidades porque são entidades que os protegem, mas também que guardam os terreiros e trabalhos espirituais.

Alguns nomes de Exu Mirim, lembrando que estão subdivididos conforme seus campos de trabalho:

Exus Mirins das Encruzilhadas

- Exu Mirim Sete Encruzilhadinhas
- Exu Mirim Estradinha
- Exu Mirim Chavinha
- Exu Mirim Poeirinha
- Exu Mirim Brasinha
- Exu Mirim Sete Nozinhos
- Exu Mirim Tronqueirinha
- Exu Mirim Ferrinho

Exus Mirins da Calunga

- Exu Mirim Caveirinha
- Exu Mirim Calunguinha
- Exu Mirim Lodinho
- Exu Mirim Sete Cruzinhas
- Exu Mirim Alminhas
- Exu Mirim Sete Velinhas

Exus Mirins das Matas
- Exu Mirim Marabozinho
- Exu Mirim Laminha
- Exu Mirim Toquinho
- Exu Mirim Sete Galhinhos
- Exu Mirim Arainha
- Exu Mirim Sete Ferrõezinhos
- Exu Mirim Lobinho
- Exu Mirim Pedrinha Preta
- Exu Mirim Foguinho
- Exu Mirim Folhinha
- Exu Mirim Cobrinha

Exus Mirins da Lira
- Exu Mirim Risadinha
- Exu Mirim Navalhinha
- Exu Mirim Pinguinha
- Exu Mirim Ourinho
- Exu Mirim Veludinho

Quais as comidas para Exus Mirins?

Pode-se oferecer para Exu Mirim, assim como para o Orixá Exu, tudo. Até porque, não custa lembrar, eles não comem alimentos dos encarnados.

Eles utilizam dos fluidos das oferendas para os respectivos trabalhos. É preferível oferecer em seus trabalhos:

- Chocolate amargo
- Balas de gengibre
- Limões
- Laranja

- Mamão
- Pinga com suco
- Balas de mel
- Flores vermelhas
- Refrigerantes com pinga ou espumantes
- Cigarrilhas

Quais os outros elementos de culto aos Exus Mirins?

Diferentemente do que acontece com o Orixá Exu, e com os exus e pombagiras, não se tem assentamento para Exu Mirim. Nas tronqueiras ou nas casas de Exu, nos terreiros, colocam-se imagens para representá-los.

A principal razão de não se ter assentamentos para eles é por conta de sua função redutora. Conforme explicamos anteriormente, eles reduzem ligações, sob comando dos exus e pombagiras. O princípio energético de Exu Mirim pode, por si só, enfraquecer outros assentamentos.

Da mesma maneira, os Exus Mirins tampouco se utilizam de paramentos específicos. Quando muito, podem pedir, em suas consultas, cigarro, charuto, cachaça e espumante, além de um fio de contas.

CAPÍTULO 5

Rezas, pontos e cantigas para a Esquerda

As rezas, cantigas e pontos cantados que apresentamos aqui são cantados em todos os terreiros de Umbanda e Candomblé. Nas pesquisas que fizemos, a maior parte aparece como sendo de domínio público.

Sabemos que os compositores Vinícius de Moraes, Toquinho, Carlos Buby, Juliana de Passos, Glória Bonfim e Severino Sena são alguns dos maiores nomes desse segmento e podem ser autores de algumas das canções abaixo, no entanto, é impossível identificar as autorias.

Ficam desde já nossa gratidão e respeito a milhares de centros de Umbanda, no Brasil e no exterior, pelo trabalho que nos serviu de apoio.

Cantigas em Iorubá
reunidas por Pierre Verger (com os respectivos toques)

I

Ibara bo agbo mojuba (bis)
Ömöde sire gan Ibaragbo Bara mojuba.
Ëleëgbara Esu löna

Bara öbëbë tiriri löna
Esu tiriri
Bara öbëbë tiriri löna
Ërö Ërö Esu be tiriri löna.

II
Esu sonsö öbë
Odora kolori ëru
Esu sonsö öbë
Laroye sonsö öbë

III
Agongo rongo Laroye (repetem-se várias vezes)

Porrete de Exu

IV
Esu ajo ómómó këyinjo
Odara Këyinjo kewawo

V
Ibara losoro
Esu Odara losoro
Losoro löna
Ibara losoro

VI
Ökökan odara
Odara baba rëbö

VII
Seu tamilore möyö Kangalodo

VIII
Esu dandan Esu dandan Esu dandan
Seke seke

IX
Ao ao kinija (bis)
Afömazöbe kinija
Ma du Ëlëgba okinija
Afömazöbe kinija
Ketu Esu Lëgbara kinija
Afömazöbe kinija,

Rezas para Exu em iorubá

I
Alaketu igba towoo
Alaketu igba ëlëkë
Ënia kogbe
Baaru komölo
Adenia ki kolö ömö ori_s_a
Ajalaiye ki ënia
Ajalaiye gëlë
Ki ni _s_oro tokojë
Otilöla ba_s_e fori_s_a

II
Esu Baralajiki
Esu Betire
Esu Lëgba lëgba
Esu Agbo
Esu Lamu lamu bata
Esu Bara
Esu Lalu
Esu Jelu
Esu Akësan
Esu Oriöta
Esu Okanlelogun
Mojuba Esu aba ti ti ti ti ti
Esu dandan dandan dandan
Esu Megbe
Ikumo igunduru
Esu n sorokölö
Amikun misukun
Alaroye unsu ëjë
Oku osumö ëka ajiri

Pontos de Umbanda para exus e pombagiras
(com os respectivos toques)

Abertura de gira

Lá na porteira, eu deixei meu sentinela
Lá na porteira, eu deixei meu sentinela
Eu deixei seu Tranca-Rua tomando conta da cancela
Eu deixei Exu Caveira tomando conta da cancela
Lá na porteira, eu deixei meu sentinela
Lá na porteira, eu deixei meu sentinela
Eu deixei Seu Sete Encruzas tomando conta da cancela
Eu deixei Maria Padilha tomando conta da cancela

(Nagô)

Abertura da Quimbanda

Quimbanda, Quimbanda Somos filhos de Umbanda
Quimbanda, Quimbanda vou (/quero) entrar nesta Banda
Quimbanda, Quimbanda Umbanda tem Alegria
Quimbanda, Quimbanda Com Deus e Ave Maria
Quimbanda, Quimbanda Umbanda tem fundamentos
Quimbanda, Quimbanda O meu Pai é Quimbandeiro
Tempo disse, Tempo dirá (bis)
Que é funda a raiz da Jurema, que é funda a raiz do Urucá
No centro da Mata Virgem eu plantei raiz nasceu flores (3x)
Quimbanda, Quimbanda já entrei nesta Banda
Quimbanda, Quimbanda Umbanda tem Alegria
Quimbanda, Quimbanda Com Deus e Ave Maria
Quimbanda, Quimbanda Umbanda tem fundamentos
Quimbanda, Quimbanda O meu Pai é Quimbandeiro
Tempo disse, Tempo dirá (bis)
Que é funda a raiz da Jurema, que é funda a raiz do Urucá
No centro da Mata Virgem eu plantei raiz nasceu flores (3x)

(Nagô)

Defumação

Luanda, ô Luanda
Na fé de Zambi
Eu defumo a nossa banda
Luanda, ô Luanda
Na fé de Zambi
Eu defumo a nossa banda
Bater cabeça
Louvando o meu gongá
Com as ervas da Jurema
Todos vão se defumar
Ô, Luanda
Luanda, ô Luanda
Na fé de Zambi
Eu defumo a nossa banda
Luanda, ô Luanda
Na fé de Zambi
Eu defumo a nossa banda
Com arruda seca
Filho traz abre caminho
Guiné e manjericão
Rosa seca sem espinho
O alecrim, mirra e o manacá
Com as ervas da Jurema
Todos vão se defumar
Ô, Luanda
Luanda, ô Luanda
Na fé de Zambi
Eu defumo a nossa banda
Luanda, ô Luanda
Na fé de Zambi
Eu defumo a nossa banda

(Nagô)

Pontos de Exu

Bate Nagô, bate Nagô Exu é Bará bate Nagô (bis)
(Nagô)

Deu meia-noite
A lua se escondeu
Lá na encruzilhada, dando a sua gargalhada
Tranca-Rua apareceu
É laroyê, é laroyê, é laroyê,
É mojubá, é mojubá, é mojubá,
Ele é odara dando a sua gargalhada
quem tem fé em Tranca-Rua é só pedir que ele dá
(Samba de Cabula)

Mas ele mora na pedra furada
Onde não passa água onde não brilha o sol
Mas ele é João Caveira auê
Ele é o Exu das Almas da Calunga auê
Mas ele é João Caveira auê
Ele é o Exu das Almas da Calunga auê
(Samba de Cabula)

Exu Apavenam, Exu Apavenam (bis)
E minha aldeia é não é, Exu Apavenam (bis)
(Barravento)

Eu vou botar fogo no mundo
Quero ver folha verde queimar
Eu vou botar fogo no mundo
Quero ver folha verde queimar
Quero ver a terra estremecer, meu senhor
Quando a sua falange chegar
Quero ver a terra estremecer, meu senhor
Quando a sua falange chegar
(Nagô)

Exu é moço branco e é faceiro no andar (bis)
Quem não paga p'ra Exu, Exu dá e torna tirar (bis)
(Nagô)

Exu Tiriri Trabalhador da encruzilhada
Toma conta dessa ronda no romper da madrugada
E já não era meia-noite quando Mavambo chegou
Com sua capa de ferro dizendo que era doutor
Mas ele era Exu dizendo que era doutor
(Samba de Cabula/Nagô)

Se você estiver sozinho
É só chamar por mim
Se você estiver sozinho
É só chamar por mim
(Samba de Cabula)

Mas não se assuste ao me ver
Eu sou a luz que vai iluminar os seus caminhos
Eu sou Exu
Que trabalha no Cruzeiro
Que trabalha na Calunga
Que trabalha no Terreiro
(Nagô)

Seu Tranca-Rua das almas
E a Pombagira mulher
Seu Tranca-Rua das almas
E a Pombagira mulher
Oh, venha ver
A oferenda que eu vou fazer
Para saudar o povo de Alupandê
Venha beber, venha beber
Venha fumar, venha fumar
Venha saudar o povo de Alupandê
Venha beber, venha beber
Venha fumar, venha fumar
Venha saudar o povo de Alupandê

(Samba de Cabula)

Santo Antônio é pequenino
Amansador de Burro Bravo
Quem mexer com Seu Sete Encruza
Tá mexendo com o Diabo

(Samba de Cabula/Nagô)

Ele é meu amigo
Ele é meu camarada
Ele é Exu Porteira
Ele trabalha com as almas

(Nagô)

Exu Pirata vem trabalhar
Exu Pirata vem navegar
Exu Pirata vem trabalhar
Exu Pirata vem nos ajudar
Exu Pirata vem trabalhar
Exu Pirata vem nos ajudar

(Nagô)

Diz, Exu não é marinheiro
Para amarrar toco no mar
Diz, Exu não é marinheiro
Pra amarrar toco no mar
Chove chuva cai sereno
Toco no mesmo lugar
Chove chuva cai sereno
Toco no mesmo lugar
(Nagô)

Uma pomba voou
Em cima de uma tumba
Chegou o Exu Caveira
Caveirinha da calunga
Caveira, Caveira
O seu povo lhe chamou pra trabalhar
Caveira, Caveira
O seu povo lhe chamou pra trabalhar
(Ijexá)

Oluá oluá, Oooluá, se ele é dono da rua
Oluá, quem deve as Santas Almas
Oluá, peça perdão a Tranca-Rua
(Samba de Cabula/Nagô)

Destranca rua
Destranca meu caminho
Que foi trancado
Pelo povo pequenino
Destranca rua
Destranca meu caminho
Que foi trancado
Pelo povo pequenino
(Samba de Cabula)

Balança a figueira, balança a figueira
Balança a figueira, quero ver Exu cair
Balança a figueira, balança a figueira
Balança a figueira, quero ver Exu cair
Cadê Seu Tiriri, eu não vejo ele aqui
Cadê seu Tiriri, eu não vejo ele aqui

(Nagô)

O sino da igrejinha faz Belém, Bém Blom
Deu meia-noite o galo já cantou
seu Exu Rei que é dono da Gira
Oi corre gira que Ogum mandou

(Samba de Cabula/Nagô)

Seu Tranca-Rua
Que vida é a sua
Bebendo marafo
No meio da rua
Seu Tranca-Rua
Que vida é a sua
Bebendo marafo
Debaixo da lua

(Nagô)

Ri quá quá quá, ai que linda risada Exu vai dar (bis)
Ai que linda risada Exu vai dar (bis)

(Nagô)

Tu eras tão pequenino
La la laia
Mas para mim tu és o rei
La la laia
Tua coroa é de ouro exu
Tu és o Rei
Das sete encruzilhadas
Tua coroa é de ouro exu
Tu és o rei
Das sete encruzilhadas
(Nagô)

Soltaram um bode preto
Meia-noite na Calunga
Ele correu os quatro cantos
Foi parar lá na porteira
Ele bebeu marafo
Com Exu Tata Caveira
(Nagô)

Sete Fios, sete Luas
Sete Encruzas de Akessam
Exu Rei a Lua clareou
Chame as Bombojiras
p'ra tomar Xoxô (bis)
(Samba de Cabula/Nagô)

Soltei um pombo lá na mata
E na pedreira não pousou
Foi pousar na Encruzilhada
Seu Sete Encruza quem mandou
(Barravento)

Eu pisei no tição, espalhei brasa
Quem tem medo de Exu Não sai de casa (bis)
Eaeaea Exu não bambeia! Quizumba quizumba quizumba ea
Exu não bambeia! (bis)

(Samba de Cabula/Nagô)

Seu Sete é meu amigo
É meu camarada
Seu Sete é meu amigo
Na Encruzilhada
Seu Sete é meu amigo
É meu irmão de fé
Seu Sete é meu amigo
Até quando ele quer
Pega pemba e risca ponto
Firma o ponto e não vacila
Saravá Exu Seu Sete da Lira

Pega pemba e risca o ponto
Firma ponto e não vacila
Saravá Exu Seu Sete da Lira
Chegou chegou
Chegou Seu Sete da Lira

(Nagô)

Estava curiando na encruza quando a banda me chamou (bis)
Exu na encruza é rei no terreiro ele é doutor (bis)
Exu vence demanda exu é Marabô! (bis)

(Samba de Cabula/Nagô)

Seu Tranca-Rua é uma beleza
Nunca vi um Exu assim
Seu Tranca-Rua é uma beleza
Ele é madeira que não dá cupim

(Nagô)

Eu vi lá na calunga, calunga estremeceu
Eu vi lá na calunga Seu Meia-Noite apareceu (bis)
(Samba de cabula)

Todo mundo quer
Mas ninguém aguenta
Todo mundo quer
Mas ninguém aguenta
Vai chegando a falange
Falange do Seu Pimenta
Vai chegando a falange
Falange do seu Pimenta
(Samba Cabula)

Exu é boêmio
Exu é da noite
Ele é exu
Que vem pra trabalhar
Hoje eu giro aqui
Hoje eu giro lá
Ele é seu Meia-Noite
Que veio pra trabalhar
(Ijexá)

Ventou no canavial um trovão lá no céu ecoou
Ventou no canavial um trovão lá no céu ecoou
Salve Iansã e Xangô salve a coroa do exu Marabô
Salve Iansã e Xangô salve a coroa do exu Marabô
(Barravento)

Lá no mar tem Tranca-Rua
Que vem vindo trabalhar
Vem chegando e saravando
Para todos os males levar
Vem chegando e saravando
Pra demanda levantar

(Barravento)

Eu vi uma catacumba na calunga
E Seu Meia-Noite dando uma gargalhada (bis)
Ele é meu pai, é quimbandeiro
Exu da meia-noite trabalha no cruzeiro (bis)

(Congo de Ouro)

Deu meia-noite na terra e no mar
Deu no mato, na calunga, em todo lugar
Seu Meia-Noite não tem hora pra chegar
Quando chega meia-noite, chega em qualquer lugar (bis)

(Congo de Ouro)

A onda que me levou
Foi pro mar de Marabô (bis)
Eu fui à praia
Eu fui no mar
Só pra ver ele girar (bis)

(Barravento)

Exu é Ganga
Ganga Ganga é Marabô ôô (4x)

(Samba de Cabula)

Trancou, trancou, ele vem trancar
Trancou, trancou, ele vem trabalhar
Sua quimbanda é muito forte
Mas seu ponto é miúdo,
Ele sabe sempre quem o faz
Saravá Seu Tranca-Tudo
Ele sabe sempre quem o faz
Saravá Seu Tranca-Tudo

(Nagô)

Exu é boêmio
Exu é da noite
Ele é o Exu
Que vem pra trabalhar
Hoje eu Giro aqui
Hoje eu Giro lá
Ele é seu Meia-Noite
Que veio para trabalhar
Exu do Lodo
Exu do Lodo
Exu Malê (bis)
Vai chamar Exu
Que agora eu quero ver

(Congo de Ouro)

Saravá Exu, Laroyê
Saravá Exu do Lodo
Traz axé pra esse Ilê

(Samba de Cabula)

Viva as almas
Salve a coroa e a fé
Salve exu das almas
Ele é Seu Mangueira de fé

(Nagô)

Ô firma ponto que Exu vai trabalhar (bis)
Vai quebrar todas demandas e o mal daqui levar (bis)
Seu Arranca-Toco já chegou pra trabalhar (bis)
Ele traz suas mandingas pra seus filhos ajudar (bis)
(Congo de Ouro)

Vermelho é o sangue puro do meu pai
Verde é a cor da mata
Saravá Seu Pantera Negra
Saravá a mata que ele mora
Saravá Seu Pantera Negra
Saravá a mata que ele mora
(Nagô)

É no mar de Marabô
É no mar de Exu Maré
Tem uma calunga linda
Acredite se quiser

Você vai ter que ver
Você vai ter que acreditar
Que a maior calunga é no fundo do mar
Você vai ter que ver
Você vai ter que acreditar
Que a maior calunga é no fundo do mar
(Ijexá)

É meia noite em ponto e o galo cantou (bis)
Cantou pra anunciar que Tiriri chegou (bis)
(Nagô)

Pinga fogo lá no alto
Pinga fogo lá na serra (bis)
Abre a porteira minha gente
Exu Pinga-Fogo está na terra (bis)
(Samba de Cabula)

Já era de madrugada quando o galo cantou (bis)
Foi Seu Sete Facadas que na encruza chegou (bis)

(Samba de Cabula)

Olha a catira de Umbanda
Espia, espia quem vem lá
É o supremo rei da quimbanda
É o chefe dos chefes, é o maioral
Todo mundo está lhe saravando
Papai da Umbanda mandou chamar

(Nagô)

Lá na encruza
Existe um homem valente
Com sua capa e cartola com seu punhal entre os dentes (bis)
É madrugada…
É madrugada e ele está do meu lado (bis)
Por isso eu lhe peço, Seu Capa Preta seja o meu advogado (bis)

(Congo de Ouro)

Eu não sou marinheiro o Ganga
Mas tô Sempre no mar,
é com chuva, é com sol,
é com vento
Exu Lalu tá no mesmo lugar

(Cabula)

Pontos de Pombagira

Pombagira jamunjangê ai ai o Lelê

(Ijexá)

Maria Sete Saias vou cantar em seu louvor
Na barra da sua saia corre água e nasce flor

(Ijexá)

Ela é uma moça bonita
Que gira dia e noite sem parar
Com seu vestido de chita
Ela é a rainha pombagira
Com seu vestido de chita
Ela é a rainha pombagira
(Nagô)

Padilha moça formosa, formosa Padilha é
Padilha pisa na banda onde tem Exu mulher
Cadê seu colar de ouro cadê sua pulseira linda
Cadê seu brinco dourado
Padilha pisa nesta banda linda
Pisa nesta banda linda
Padilha pisa nesta banda linda
(Ijexá)

Rainha, sua coroa brilhou
Rainha, sua coroa brilhou
Rainha que vem lá do cemitério
Pombagira das Almas
Tua Coroa tem mistério
Rainha que vem lá do Cemitério
Pombagira das Almas
Tua Coroa tem mistério
(Samba Cabula)

Exu trabalhou/ Exu curiou
Exu vai embora
Sua banda chamou
Pombagira trabalhou
Pombagira curiou
Pombagira vai embora
Sua banda chamou
(Barravento)

Bem que eu lhe avisei pra você não jogar essa cartada comigo (bis)
Você parou na dama e eu parei no valete
Amigo, você não se engana
Pombagira cigana é Pombagira de fama (bis)
(Samba de Cabula)

Exu Maria Padilha
Trabalha na encruzilhada (bis)
Toma conta, presta conta
Ao romper da madrugada
Pombagira minha comadre
Me protege noite e dia
Trabalhando na encruzilhada
Com a sua feitiçaria
(Nagô)

Pombagira Cigana
Ela vem trabalhar (bis)
Vem salvar seus amigos, dar um bom caminho,
vem nos ajudar (bis)
(Nagô)

Pomba Girê Pomba Girá (bis)
Pomba Girê, Exu não cai ô Ganga
Êeeee ô Ganga (bis)
(Nagô)

Olha quem está lá no portão
De saia vermelha e a rosa na mão,
olha quem está lá no portão
De saia vermelha e rosa na mão
Será, será Dona Quitéria
Será, será Maria Padilha
Será, será Sete Saias
Será, será Rainha da Encruzilhadas
(Ijexá)

Sacode o pó que chegou Rosa Caveira
Pombagira da calunga vem levantando poeira (bis)
(Samba de Cabula)

Olha quem chegou pra trabalhar
Caminhando veio daquela porteira
Trazendo um feitiço no olhar
Ela não é de brincar. Ela é Rosa Caveira! (bis)
(Samba de Cabula)

De vermelho e negro, vestido à noite, o mistério traz
De colar de ouro, brinco dourado, a promessa faz
Se é preciso ir, você pode ir, peça o que quiser
Mas cuidado, amigo, ela é bonita, ela é mulher
Mas cuidado, amigo, ela é bonita, ela é mulher
E, no canto da rua, girando, girando, girando está
Ele é moça bonita, girando, girando, girando lá
(Ijexá)

Ventou, ventou poeira
Nas bandas do lado meu
Ventou, ventou poeira
Nas bandas do lado meu
Cigana não está à toa
Cigana é um amigo meu
Cigana não está à toa
Cigana é um amigo meu
Com sua magia e dança
Abençoa os filhos seus
Com sua magia e dança
Abençoa os filhos seus
Cigana não tem uma só morada
Ela arma sua tenda
Em qualquer beira de estrada
(Samba de Cabula)

Olha a saia dela lê lê
É Mulambo só (bis)
Sua saia tem sete metros sete
metros é farrapo só (bis)
(Samba de Cabula)

Lá vem ela oh, caminhando pela rua
Lá vem a Maria Mulambo com Tiriri, Marabô e
Tranca-Rua (bis)
(Samba de Cabula)

Não mexa com ela
Que ela nunca anda só (bis)
Carrega sete navalhas
E em Malandro ela dá nó
Seu nome é a Maria Navalha
Guardiã da Lei Maior (bis)
(Samba de Cabula)

Ô Cigana
Vai achar meu amor lá fora
Ciganinha Linda
Ciganinha Flor
Vem trazer carinho
Vem trazer amor
Ciganinha Linda
Ciganinha flor
Vem trazer carinho
Vem trazer amor
Ô cigana
(Nagô)

Olha minha gente. Ela é um farrapo só
Olha minha gente. Ela é um farrapo só
Pombagira Maria Mulambo. Ela é um farrapo só
Pomba Gira Maria Mulambo. Ela é um farrapo só
(Samba Cabula)

Dona Sete Saias no terreiro chegou
Todos exus com respeito ela saudou (bis)
Ela é bonita
Ela é mulher
Ela é a pombagira dona rainha-mulher! (bis)
(Barravento)

Eu andava pela alta madrugada
Pela alta madrugada
E no clarão da Lua uma mulher eu vi
Vem cá morena formosa
Vem me dizer quem você é
Você é a dona da rua
A Pombagira mulher

Vem cá morena formosa
Vem me dizer quem você é
Você é a dona da rosa
A Pombagira mulher

Rosa Vermelha
Rosa Vermelha Sagrada
Rosa Vermelha
A Pombagira das Sete Encruzilhadas

Ela vem girando, girando, girando
E dando risada
Ela vem girando, girando, girando e dando risada
Mas cuidado amigo, ela está de saia rodada
Mas cuidado amigo, ela está de saia rodada
(Samba Cabula)

Quando a Sete Saias
No Terreiro chegou
Todos os Exus, com respeito ela saudou
Mas ela é bonita
Ela é mulher
Ela é a pombagira
Ela é Exu mulher
(Ijexá)

Quem quer
Quem quer
Trocar palavra
Com a pombagira mulher
Quem quer
Quem quer
Trocar carinho
Com a pombagira mulher
(Nagô)

Exu Maria Padilha
Mulher sem empáfia
Mulher de cabaré
Trabalha com saia de ráfia
O seu feitiço tá na ponta do seu garfo
Tá debaixo dos teus pés
Me chamam de leviana
E até mesmo de mulher sem fé
Mas a língua do povo
Não tem osso
Deixa o povo falar
Mas a língua do povo
Não tem osso
E pode azedar
(Samba Cabula)

Vem seu Tiriri
Vem que eu quero ver
Traga Maria Padilha
Tem demanda pra vencer
Vem seu Tiriri
Vem que eu quero ver
Traga Maria Padilha
Tem demanda pra vencer
(Nagô)

Maria Mulambo vem descendo a serra
Trazendo marafo pra exu beber
Maria Mulambo vem descendo a serra
Trazendo marafo pra exu beber
Ela não é casada, namoradeira
Maria Mulambo no terreiro é feiticeira
Ela não é casada, namoradeira
Maria Mulambo no terreiro é feiticeira
(Ijexá)

Aquela ventania, oi meu pai
Que sopra o pé da serra, ó meu pai
Dona Maria Padilha, oi meu pai
Que vem girar na terra, ai ai ai
(Samba de Cabula)

Pombagira é mulher
De domingo até segunda
Pombagira é mulher
De domingo até segunda
Com sua imagem poderosa
Acaba com a fala imunda
Com sua imagem poderosa
Acaba com a fala imunda
(Nagô)

Se enterrar meus garfos
Eu desenterro

A gira da Rosa Caveira
É no portão do cemitério
Se enterrar meus garfos
Eu desenterro

A gira da rosa caveira
É no portão do cemitério

(Nagô)

Maria Quitéria comeu ponta de agulha
Quem mexer com ela
Vai pra sepultura
Laroyê Dona Maria Quitéria
Laroyê Dona Maria Quitéria

(Nagô)

Ó Deus te salve
Pombagira Sete Saias
Que gira dia e noite
Dona das Sete Saias

Ó Pombagira
Saia do teu cruzeiro
Venha pro meu terreiro
Eu quero ver você girar

Ó Pombagira
Fica no meu terreiro
Não volte pro cruzeiro
Eu quero ver você girar

(Nagô)

Foi numa estrada velha
Na subida de uma serra
Numa noite de luar
De luar, de luar
Pombagira da Figueira
Moça linda e faceira
Dava seu gargalhar
Ela é mojubá, ela é mojubá
Laroyê Exu, ela é mojubá
(Ijexá)

A sua catacumba tem mistério
Mas ela é
Maria Padilha do cemitério,
Mas ela é loira
Olhos azuis
Maria Padilha,
Filha do senhor Omolu
Mas ela é loira
Olhos azuis
Maria Padilha
Filha do senhor Omolu
(Samba de Cabula)

Eu vi lá na calunga
Uma mulher gargalhar
Mas ela era pombagira
Que aqui chegou pra trabalhar
Mas ela veio na linha de exu
Mas ela é a rainha de Omolu
Mas ela veio na linha de exu
Mas ela é a rainha de Omolu
(Ijexá)

Pombagira Maria Quitéria
Mulher de faca na mão

Pombagira Maria Quitéria
Mulher de faca na mão
(Nagô)

Dói, dói, dói, dói, dói
Um amor faz sofrer
Dois amores fazem chorar (bis)

No tempo em que ela tinha dinheiro
Os homens queriam lhe amar

Mas hoje o dinheiro acabou
A velhice chegou e ela se põe a chorar
(Samba de Cabula)

Olha a moça bonita
Ela é a rainha das almas

Olha a moça bonita
Ela é a rainha das almas

Deu meia-noite uma mulher gargalhar
Deu meia-noite uma mulher gargalhar

Vamos saravar encruza
Pombagira das almas

Vamos saravar encruza
Pombagira das Almas
(Nagô)

Pontos de Exu Mirim

Eu venho com calunguinha
Eu venho trabalhar
Eu sou Exu Mirim
Caveirinha lá do mar
Eu sou Exu Mirim
Caveirinha lá do mar
(Ijexá)

Não mexe comigo não
Que eu sou ponta de agulha (bis)
Quem mexer com Exu Mirim
tá cavando a sepultura
(Samba de Cabula)

Ele pulou brasa
Ele pulou a porteira (bis)
Tacou fogo no paiol
Numa brincadeira (bis)
É mirim é mirim é Exu travesso
(Barravento)

Exu Mirim
Ele não vem a pé
Ele vem montado
Nas costas do jacaré
Exu mirim
Ele não vem a pé
Ele vem montado
Nas costas do jacaré
(Barravento)

Oh, Senhor das Almas
Por que judia de mim?
Oh, meu Senhor das Almas
Por que judia de mim?
Eu sou pequenininho
Sou Exu Mirim
Eu sou pequenininho
Sou Exu Mirim
(Barravento)

Exu Brasinha não é criança
Que se engana com tostão
Só se lembram do Brasinha
Na hora da aflição
Só se lembram do Brasinha
Na hora da aflição
(Arrebate)

Exu Toquinho é bom
Muito bom de coração
Salvou seu pai e mãe
Pra ganhar a salvação
Salvou seu pai e mãe
Pra ganhar a salvação
(Samba Cabula)

Boa noite, gente
Como vai, como passou
Boa noite, gente
Como vai, como passou
Exu Mirim é pequenininho
Mas é bom trabalhador
Exu Mirim é pequenininho
Mas é bom trabalhador
(Samba de Cabula)

Ao Orixá Exu

Meu Pai Exu,

Vós que trabalhais nos caminhos e na força de vontade, auxilie-nos.

Pedimos ao Senhor e ao Pai Criador Olorum, guiem-nos para que vazios não nos tornemos.

Não nos deixe confusos nos momentos da vida.

Orixá Exu, não deixe que perturbações espirituais e materiais minem nossa força de vontade e livre arbítrio, nem nossa vontade de viver.

Orixá Exu, oriente-nos para que não sejamos seduzidos por caminhos que nos levam à paralisação evolutiva e aos caminhos das trevas e da ignorância em que mergulhamos, quando vazios de Deus nos tornamos.

Livra-nos de tudo aquilo que nos afasta de Nosso Criador, e afaste de nós o Mal.

E se merecedores formos, que tenhamos paz e prosperidade para conduzirmos nosso fardo nessa encarnação de maneira mais amena, com ausência de nossos abismos e negativismos, sob Tua Guarda e Proteção.

Laroyê. Exu Mojubá.

Senhor Sete Encruzilhadas

Seu Sete Encruzilhadas,

Pedimos vossa proteção em nossas escolhas.

Que sejamos guiados pelos sentimentos de justiça, amor e fé.

Que nossos caminhos possam ser seguros.

Que tenhamos a sabedoria de seguir adiante no caminho do Bem.

Que nossas decisões possam nos conduzir à prosperidade, à saúde e à sabedoria espiritual.

Laroyê!

Senhor Exu do Lodo

Seu Exu do Lodo,
Livra-nos dos maus caminhos e das tentações
Que possamos aproveitar as boas oportunidades e assim cumprir nossos destinos.
Afastai-nos das estradas perigosas e das pessoas que possam nos prejudicar.
Que as boas estradas estejam diante de nós hoje e sempre.
Laroyê!

Senhor Marabô

Seu Marabô,
Afastai de mim todos os espíritos obsessores e as doenças.
Que eu possa encontrar guarida em tua sabedoria.
Que fiquem apenas em meu coração os bons sentimentos e propósitos.
Destrua todas as energias negativas que possam atrapalhar meus caminhos.
Axé!

Senhor Tranca-Rua das Almas

Senhor Tranca-Rua,
Pelos poderes desta oração ao Orixá Exu Tranca-Rua das Almas, peço que me afaste dos perigos e da maldade.
Que nenhuma fofoca ou feitiço possa atrapalhar meus caminhos
Orixá Exu Tranca-Rua das Almas, confio no seu poder e tenho certeza de que meu pedido será realizado.
Agradeço por estar trabalhando para mim na certeza do Bem Maior.
Laroyê Exus e Pombagiras. Saravá Orixá! Saravá Orixá!

Oração para Senhor Tiriri

Senhor Tiriri,

Glória ao Exu Tiriri, mensageiro dos Orixás e dos homens (repetir essa frase três vezes).

Vós que transitais na dualidade entre os mundos, afasta, criador, os inimigos e maus espíritos de meus caminhos. Criador, Não deixa meu coração sofrer. Quebre a inveja, os vícios, o mau-olhado. Laroyê Exu! Traga-me prosperidade, peço nessa poderosa oração!

Orixá poderoso, ouve minha oração de afastar meu inimigo que me persegue; falo sem rancor e sem desejo que lhe aconteça algum mal, que me deixe em paz.

Orixá Exu, confio no seu poder e oração poderosa e tenho certeza de que meu pedido será realizado.

Agradeço por estar trabalhando para mim afastando o mal de minha vida. Peço isso aos poderes da oração a Exu Tiriri.

Oração para Exu Caveira

Salve, Exu Caveira,

Estou enfermo, Senhor, preciso de sua ajuda verdadeira como Exu protetor ou como doutor. Sei que sofreu muito em vida, mas é neste momento de muita dor e aflição que imploro sua vontade na minha proteção poderosa.

Cure-me de todos os males, todos os meus excessos, Seu Caveira! Por favor, sei que na sua morada não tem cumeeira, mas tem uma forte porteira. Sabendo que o sal queima como o fogo, lançarei sete pedras de sal numa fogueira e certo estarei de ficar curado de todo o mal!

Dai-me saúde, prosperidade, vontade, respeito e confiança na minha poderosa caminhada de vida, que hoje está num vazio.

Laroyê Exus e Pombagiras.
Saravá Seu Caveira.

Senhor Exu Rei

Seu Rei,

Saravá Senhor das Encruzilhadas! Protege mais as estradas que eu percorrer. Abre as portas do sucesso em minha vida profissional. Hoje está um vazio.

Vós que transitais entre os mundos, afasta os maus espíritos de meus caminhos.

Faço esta poderosa oração, Exu, para que abra mais meu caminho para prosperidade, riqueza, amor, vontade, trabalho, dinheiro, ouro.

Quebre a inveja, os vícios, o mau-olhado. Laroyê Exu! Atende meu pedido, Senhor da Meia-Noite!
(faça o seu pedido)

Laroyê Exus e Pombagiras.

Rezas para Pombagiras

Maria Padilha

Dona Padilha,

Obrigado, minha Rainha Maria Padilha das Sete Encruzilhadas, confio em teus poderes e quero que estejas sempre junto de mim, me tornando uma pessoa muito linda, jovem, delicada, amada, soberana e querida por todos, como ti. Peço que abra meus caminhos e ajude-me a conseguir tudo que eu quero, principalmente o amor, a cura e a prosperidade.

Muito obrigada por tudo. Seja minha guardiã todos os momentos.

Pombagira Cigana

Dona Cigana,

Minha Cigana, faça brotar em mim a tua beleza, sensualidade e atração.

Tu és formosa e desejada, és bela e poderosa.

No claro da tua beleza irradia a noite, teu sorriso atrai os homens, e, presos em tuas mãos, todos que te veem, ficam.

Seu corpo desperta e atrai todos os homens.

E a teus pés todos se arrastam, e imploram para estar em teus braços.

Irradie teu encanto em mim e ajude-me a ser uma mulher irresistível, sedutora e encantadora!

Assim seja! Assim será! Laroyê, Pombagira!!!

Reza para Pombagira Maria Padilha das Almas

Laroyê, minha mãe.

Ajude-me a ter clareza do que precisa partir de minha vida, sejam pessoas, resistências e medos.

Que eu possa me livrar de todo peso, de toda culpa, de toda mágoa e desilusão.

O que for possível ser reparado, que eu possa reparar. E que eu possa ter o perdão de quem prejudiquei assim como perdoo quem me prejudicou.

Ajude-me a renascer e recomeçar.

Que eu possa ter coragem, força, amor próprio, autoconfiança para seguir em frente.

Que tudo o que me foi tirado e me pertence possa ser restituído imediatamente.

Que toda praga e inveja possa ser banida definitivamente da minha vida.

Que eu possa recuperar meu poder, minha dignidade e o comando da minha vida.

Laroyê, senhora Maria Padilha das Almas.

Dona Sete Saias

Dona Sete Saias,

Minha senhora, das sete saias, transforma a minha vida financeira e traga sorte como nunca tive.

Atrai para o meu caminho dinheiro e estabilidade financeira para que eu consiga pagar todas as minhas despesas e para que eu ainda consiga me divertir um pouco.

Ajuda-me a resolver todos os problemas de dinheiro na minha vida, ajuda-me para que eu consiga pagar todas as minhas dívidas, todas as minhas contas do dia a dia, e que ainda me sobre dinheiro para comer.

Atrai sorte no dinheiro, atrai sorte na prosperidade, atrai sorte na riqueza e na geração de dinheiro dia após dia.

Transforma estas sete moedas que tenho na minha mão em mais moedas, multiplica-as vezes sem conta e faz com que todo esse dinheiro venha parar na minha carteira.

Laroyê pombagira, Laroyê Sete Saias, ajuda-me a fazer com que o dinheiro pare de minguar nas minhas mãos, faz com que eu consiga poupar e guardar dinheiro, na minha conta e na minha carteira.

Ajuda-me a ser mais rica, a ganhar mais, a poupar mais e a conseguir enfrentar todas as minhas dificuldades financeiras.

Agradeço-te muito Pombagira Sete Saias.

CAPÍTULO 6

Rituais para Exu

As religiões africanas são iniciáticas, isto é, seus adeptos passam por uma trajetória repleta de ensinamentos e rituais, que pode culminar em uma consagração de pai ou mãe de santo depois de alguns anos. Neste percurso, os adeptos aprendem o valor da disciplina, da hierarquia, do respeito à Natureza e a seus irmãos. Além, é claro, de um intenso aprendizado dos segredos das ervas, rezas e ferramentas de magia.

São muitos os rituais para o Orixá Exu, os espíritos de exus e pombagiras. E parte importante deles, embora não façam nada que vá contra a lei dos homens e as leis divinas, é fechado para o grande público.

Ainda assim, é possível apresentar rituais que não iniciados podem fazer sem contraindicação.

Manipular energias exige sempre ética, atenção, respeito ao livre arbítrio e, sobretudo, aos espíritos sérios que nos acompanham, à Natureza da qual fazemos parte e às Leis Universais.

Todas as defumações, banhos e rituais que aqui serão apresentados devem ser acompanhados de pensamentos otimistas e nenhuma intenção de prejudicar a quem quer que seja.

São receitas para que o próprio indivíduo reorganize sua energia pessoal e o campo eletromagnético em sua vida, trazendo mais equilíbrio, força, coragem e prosperidade.

A prosperidade, ao contrário do que muita gente pensa, não tem a ver necessariamente com bens materiais. Está muito relacionada à realização pessoal, possibilidade de escolhas e paz interior.

Uma pessoa com depressão ou tristeza deve evitar rituais para Exu. Já que, antes de potencializar qualquer projeto, é preciso curar a doença. Pessoas que se encontram fragilizadas devem, antes de mais nada, encontrar o equilíbrio psíquico e emocional. Uma vez que estão "zeradas" e "não negativadas", podem dar início a um novo caminho.

Nenhum ritual pode começar sem que se invoque o exu ou pombagira que protege o indivíduo. Se não souber o nome, peça licença usando o nome "Meu guardião, minha protetora".

A saudação "Laroyê Exu, Exu Mojubá" também deve ser feita no início e no fim do ritual.

Exu trabalha com ferro, bronze e terra. E é sincretizado com Santo Antônio e São Benedito.

Alguns alertas importantes:

A realização de um ritual não significa que no dia seguinte a ele você encontrará uma mala com um milhão de dólares, ou que o príncipe encantado tocará sua campainha. Após praticar uma magia, oportunidades surgirão. Um novo ânimo, uma nova aura e mais magnetismo estarão presentes em sua vida.

É preciso, antes de tudo, ter a certeza de que você não coloca resistência e medo na sua vida. Essas duas energias cortam oportunidades, assim como a autossabotagem, ou seja, o desejo inconsciente que algo não dê certo para que você não tenha que se arriscar.

Um casamento implica em correr riscos. Um novo emprego também. Você não pode ter medo de ser traído, de ser abandonado, de ser invejado se tem dinheiro. Nem medo de recusar empréstimo para quem vier lhe pedir algum. Muita gente, com medo de ter de lidar com perdas, sabota suas possibilidades.

É preciso também ter a certeza de que a opinião do outro, não importa de quem, não tenha influência em sua vida.

A única ideia que vale é a sua, desde que seja ética, justa e verdadeira.

A preparação

Antes de qualquer ritual, tome o banho físico (higiênico) e coloque roupas limpas. Ter alguma peça preta e vermelha, mesmo que um acessório, cria uma atmosfera mais favorável. Certifique-se de que não terá interrupções e que a prática não causará problemas com pessoas com as quais você mora.

Tampouco faça um ritual após ter ingerido bebida alcoólica ou ter tido uma relação sexual, no mínimo, doze horas antes.

No caso de ervas, elas não podem ser ingeridas. Os banhos trabalham apenas no campo energético.

Lembre-se: em qualquer situação difícil na vida, a solução primeira deverá ser a busca por um profissional capacitado ou uma autoridade. Problemas de saúde devem ser tratados primeiramente por médicos; problemas emocionais e psíquicos, por psicólogos e psiquiatras; problemas jurídicos, por advogados, e assim por diante. Os rituais servem de apoio, como uma terapia complementar.

As segundas-feiras são consagradas a Exu, daí que os rituais têm mais força nesse dia da semana. Se não for possível, as quartas-feiras, com forte influência vibratória do planeta Mercúrio, também podem ser excelentes opções.

Antes de falarmos sobre os melhores horários para os rituais, há um ponto importante que merece elucidação. Muita gente acorda às 3h da manhã e acredita que exista alguma explicação espiritual e acreditam ser hora de exus.

Na Umbanda fala-se das horas grandes: meio-dia, meia hora e horas intermediárias, como 6 horas e 18 horas.

Para algumas tradições esotéricas e espiritualistas, 3h da manhã trata-se do horário de limpeza energética, dirigida por exus e pombagiras. Se você acorda com frequência nesse horário, busque aconselhamento em um terreiro. O ideal é que se faça uma prece pedindo a proteção divina para seu lar, seus familiares e você, e volte a dormir.

Assim como acontece com os dias da semana, nas escolas em que se ensina a prática da magia astrológica, existe o horário de

Mercúrio, com forte influência do planeta. Lembramos que a energia de Exu é muito semelhante àquela do planeta Mercúrio.

A hora de cada planeta depende de alguns cálculos a partir do nascer e pôr do Sol de cada dia. Os grandes jornais e alguns sites especializados em astrologia e astronomia trazem diariamente tais informações.

Uma vez que se tem as horas do nascer e pôr do Sol, transforma-se tudo em minutos e em seguida se divide por 12. Nem sempre as horas terão 60 minutos.

Em seguida, a partir do nascer do Sol, considere o horário conforme a seguinte lógica:

- **Domingo:** Mercúrio será à 7ª e 10ª hora
- **Segunda-feira:** Mercúrio será à 7ª hora
- **Terça-feira:** Mercúrio será à 4ª e 11ª hora
- **Quarta-feira:** Mercúrio será à 1ª e 8ª hora
- **Quinta-feira:** Mercúrio será à 5ª e 12ª hora
- **Sexta-feira:** Mercúrio será à 2ª e 9ª hora
- **Sábado:** Mercúrio será à 6ª hora

Para a noite, faz-se o mesmo cálculo, utilizando, para tanto, a diferença entre pôr e nascer do Sol. Assim:

- **Domingo:** Mercúrio será à 5ª e 12ª hora
- **Segunda-feira:** Mercúrio será à 2ª e 9ª hora
- **Terça-feira:** Mercúrio será à 6ª hora
- **Quarta-feira:** Mercúrio será à 3ª e 10ª hora
- **Quinta-feira:** Mercúrio será à 7ª hora
- **Sexta-feira:** Mercúrio será à 4ª e 11ª hora
- **Sábado:** Mercúrio será à 1ª e 8ª hora

Nada impede que os rituais sejam realizados em outros dias ou horários; no entanto, ganham mais força nos acima mencionados, já que existe uma egrégora histórica.

É sempre melhor evitar rituais com o planeta Mercúrio retrógrado, mas, no caso da Lua, o dia realmente fará diferença. Para início de projetos ou abertura de caminhos, recomenda-se a lua nova. Para prosperidade, é aconselhável a lua crescente. Já para amor e magnetismo, é ideal a lua cheia. Para banimentos, limpezas espirituais, exorcismos, a lua minguante é a mais poderosa.

Vale também verificar se a magia está sendo realizada em uma hora que os astrólogos chamam de Lua Fora de Curso. É importante que nada seja feito nesse período.

Todo e qualquer ritual deve ter uma intenção clara. Não se pode ter dúvidas. Da mesma maneira, não custa repetir, nada pode ser feito para interferir no destino de outra pessoa, não importa quem seja.

Ao fazermos um pedido amoroso, de emprego ou prosperidade, que se deem opções de realização. Por exemplo, nunca peça que deseja um emprego ou cargo em tal empresa. Peça que você encontre um emprego e vaga conforme a sua programação espiritual e que seja o melhor para você.

Do mesmo modo, quando se pede um relacionamento, em absoluto se diz o nome de uma pessoa. Peça que você encontre um companheiro ou uma companheira com quem você possa ser feliz.

Quando você realiza um ritual para descarrego ou de cortar feitiços, não mande de volta o mal que lhe fizeram. Perdoe a ignorância da pessoa e deixe que os exus levem para os cemitérios as energias ruins. Quando você manda de volta qualquer pensamento, energia ou sentimento ruim que outro indivíduo mandou, cria-se o que se chama demanda. Observa-se um pingue-pongue energético que vai ganhando força cada vez que volta para um dos lados. Além disso, retribuir o mesmo tipo de energia gera um carma, já que é o mesmo princípio da vingança.

Para fazer uma defumação com as energias de Exu

As ervas devem estar secas. Você pode comprá-las em lojas especializadas ou secá-las você mesmo. Para isso faça a colheita entre 6 horas da manhã e 18 horas, exceto entre meio-dia e 13 horas.

Tire as folhas das hastes. Lave-as e seque-as.

Coloque uma camada de papel-toalha em uma assadeira rasa. Ponha as folhas de ervas sobre a toalha de papel em uma única camada e evite a sobreposição. Cubra-as com papel-toalha e adicione uma outra camada. Continue adicionando as folhas até fazer cinco camadas.

Seque-as no forno à temperatura baixa (80° C a 90° C) por três a quatro horas. Deixe a porta aberta para que o forno não fique muito quente.

Verifique cuidadosamente as ervas e vire-as ocasionalmente com pinças. Retire-as do forno assim que ficarem torradas.

Deixe-as esfriar e corte em pequeninos pedaços. No dia seguinte coloque em uma boca do fogão uma pedra de carvão até que fique em brasa; em seguida transfira para um turíbulo, que pode ser comprado nas lojas de artigos religiosos, ou em um alguidar de barro. Sobre o carvão, jogue as ervas.

Ao se defumar um espaço, é preciso ter a certeza de que as portas de banheiros estejam fechadas, assim como janelas. Os espelhos sempre cobertos.

Não se defumam crianças ou animais com ervas de Exu, dada sua potência energética. Ao se defumar pessoas, elas devem estar descalças, sem objetos de metal.

Rituais para limpeza espiritual

Defumação para limpeza e descarrego

Ingredientes:
- Amoreira
- Folhas ou bagaço de cana
- Casca de cebola
- Hortelã-pimenta
- Mirra
- Folha de marmelo
- Comigo-ninguém-pode

Defumação contra fluidos negativos

Ingredientes:
- Quebra-tudo
- Guiné-caboclo
- Espada-de-santa-bárbara
- Pitangueira
- Folha de marmelo
- Alevante
- Folha de cambuí

Defumação para afastar espíritos perturbadores de dentro de casa

Ingredientes:
- Benjoim
- Incenso
- Mirra
- Hortelã
- Casca de alho (ou palha)
- Arruda
- Alecrim
- Pitangueira
- Folha de marmelo

Banho contra magia maléfica

Ingredientes:
- Manjericão
- Guiné
- Casca de alho
- Meia cenoura crua
- Alecrim
- Funcho
- Malva-cheirosa
- Alfazema

Modo de preparo:
Coloque dois litros de água para ferver. Quando surgirem as primeiras bolhas, desligue e coloque os ingredientes acima. Deixe esfriar. Depois do banho higiênico, jogue do pescoço para baixo. Não usar mais que uma vez a cada três meses.

Banho para espantar espíritos obsessores

Ingredientes:
- Pitangueira
- Folha de marmelo
- Carqueja
- Cambuí
- Hortelã

Modo de preparo:
Coloque dois litros de água para ferver. Quando surgirem as primeiras bolhas, desligue e coloque os ingredientes acima. Deixe esfriar. Depois do banho higiênico, jogue do pescoço para baixo. Não usar mais que uma vez por mês.

Banho de limpeza e descarrego

Ingredientes:
- Arnica
- Amendoim (folha)
- Couve
- Carqueja
- Folha de batata-inglesa
- Capim-cidreira
- Alho-poró

Modo de preparo:
Coloque dois litros de água para ferver. Quando surgirem as primeiras bolhas, desligue e coloque os ingredientes acima. Deixe esfriar. Depois do banho higiênico, jogue do pescoço para baixo.

Banho de descarga após visitar o cemitério

Ingredientes:
- Uma pitada de sal grosso
- Folha de marmelo
- Pitangueira
- Erva-de-bicho
- Cambuí

Modo de preparo:
Coloque dois litros de água para ferver. Quando surgirem as primeiras bolhas, desligue e coloque os ingredientes acima. Deixe esfriar. Depois do banho higiênico, jogue do pescoço para baixo.

Banho para afastar espírito sem luz

Ingredientes:
- Pitangueira
- Hortelã
- Morango
- Arruda-macho
- Folha de marmelo
- Arruda-fêmea

Modo de preparo:
Coloque dois litros de água para ferver. Quando surgirem as primeiras bolhas, desligue e coloque os ingredientes acima. Deixe esfriar. Depois do banho higiênico, jogue do pescoço para baixo.

Banho contra feitiços

Ingredientes:
- Espada-de-são-jorge
- Cipó milhomens
- Arruda-macho (se for homem) ou arruda-fêmea (se for mulher)
- Cambuí
- Sete rodelas de charuto
- Endro
- Erva-de-passarinho
- Sal grosso (pouco)
- Alevante

Modo de preparo:
Coloque dois litros de água para ferver. Quando surgirem as primeiras bolhas, desligue e coloque os ingredientes acima. Deixe esfriar. Depois do banho higiênico, jogue do pescoço para baixo.

Banho para resgatar a energia vital

Ingredientes:
- Folha de cacau ou grão de café
- Folha do fumo ou fumo em ramo
- Hortelã-levante
- Cominho em pó
- Manjerona

Modo de preparo:
Coloque dois litros de água para ferver. Quando surgirem as primeiras bolhas, desligue e coloque os ingredientes acima. Deixe esfriar. Depois do banho higiênico, jogue do pescoço para baixo. Não usar mais que uma vez a cada quinze dias. Acrescente uma essência masculina.

Oferenda para cortar feitiços

Ingredientes:
- Sete pedras de carvão
- Uma garrafa de cachaça
- Um pouco de areia de praia
- Azeite de dendê
- Sete ovos cozidos com casca
- Um alguidar médio
- Meio copo de milho de pipoca
- Um charuto

Modo de preparo:
Estoure as pipocas com areia, substituindo o óleo, e após peneirar, coloque-as no alguidar. Coloque as pedras de carvão, os ovos ao redor e regue com um pouco de dendê. Entregue esse presente para Exu Caveira, no cemitério. Coloque a bebida junto. Acenda o charuto e deixe ao lado da oferenda, fazendo seus pedidos.

Para trazer alegria

Ingredientes:
- Sete rosas vermelhas
- Fitas de cores variadas
- Um pedaço de pano vermelho
- Sete maçãs vermelhas
- Mel
- Uma garrafa de espumante
- Um alguidar

Modo de preparo:
Ponha as maçãs no entorno com as rosas vermelhas no centro. Regue as maçãs com mel e entregue na encruzilhada para Maria Quitéria. Despeje o espumante em volta da oferenda.

Para trazer sabedoria

Ingredientes:
- Um alguidar médio
- Farinha de mandioca
- Mel
- Figo em calda
- Sete rosas vermelhas
- Uma vela vermelha e preta
- Sete cigarros de filtro branco
- Uma garrafa de espumante

Modo de preparo:
Misture a farinha com o mel e um pouco da calda do figo. Coloque a farofa no alguidar e enfeite com os figos e as rosas. A entrega deverá ser em uma estrada. Acenda os cigarros e despeje o espumante em volta da oferenda.

Para eliminar a tristeza

Ingredientes:
- Um alguidar
- Farinha de mandioca grossa
- Meio copo de açúcar cristal
- Uma pera
- Um cravo branco
- Balas de gengibre
- Um incenso de sândalo
- Um charuto
- Uma garrafa de cachaça
- Suco de graviola

Modo de preparo:
Misture a farinha, o açúcar cristal e a pera cortada em cubinhos. Coloque as balas de gengibre e o cravo enfeitando a oferenda. Entregue em uma encruzilhada, acenda o incenso e o charuto e faça seus pedidos a Exu Mirim. Despeje em volta da oferenda a cachaça e o suco de graviola.

Para acalmar pessoas e ambientes

Ingredientes:
- Um alguidar;
- Farinha de mandioca
- Mel
- Água de flor de laranjeira
- Sete frutas diferentes (uva, abacaxi, laranja, morango, maçã, pera, cereja)
- Sete ramos de trigo
- Sete cravos vermelhos
- Uma garrafa de vinho licoroso
- Um charuto

Modo de preparo:
Misture bem a farinha, um pouco de mel, água de flor de laranjeira e coloque no alguidar. Enfeite com as frutas bem picadas, os cravos e os ramos de trigo. Leve para uma encruzilhada em que você não passará tão cedo. Despeje o vinho em volta da oferenda, acenda o charuto e peça para Exu Mirim diminuir as confusões.

Fechar caminhos ruins e evitar expansão de doenças

Ingredientes:
- Um alguidar grande
- Farinha de mandioca

- Azeite de dendê
- Três gotas de azeite de oliva
- Dezessete limões
- Um cadeado novo
- Sete charutos
- Uísque
- Uma vela preta e vermelha

Modo de preparo:
Misture a farinha e o azeite de dendê no alguidar. Por cima da farofa, coloque os limões cortados em quatro pedaços. No centro coloque o cadeado aberto, sem a chave (guarde-a com você). Acenda a vela e os charutos e coloque em volta do alguidar. Despeje um pouco da bebida em cima do alguidar e o restante em volta; em seguida feche o cadeado e peça para Tranca-Rua fechar os caminhos das coisas ruins. Quando alcançar seus objetivos, faça o mesmo presente em agradecimento, colocando dessa vez a chave do cadeado.

Para evitar perigos

Ingredientes:
- Duas pedras de carvão médias
- Linha preta
- Um pedaço de pano preto
- Dois metros de fita preta

Modo de preparo:
Junte as duas pedras de carvão com a linha preta, deixando-as bem firmes. Coloque as pedras no pedaço de pano preto e vá amarrando com a fita preta, dando nós, pedindo a Exu Tranca-Rua que nenhum mal lhe chegue perto. Enterre em uma encruzilhada em que não vá mais passar.

Rituais para abrir caminhos

Defumação para abrir os caminhos

Ingredientes:
- Amoreira
- Hortelã-pimenta
- Orô
- Fumo de rolo desfiado
- Carqueja
- Alevante

Banho para abrir caminhos

Ingredientes:
- Louro
- Cedro
- Sândalo
- Sálvia em pó
- Cominho em pó
- Uma espada-de-são-jorge
- Galhos de alecrim
- Folha de picão preto

Modo de preparo:
Coloque dois litros de água para ferver. Quando surgirem as primeiras bolhas, desligue e coloque os ingredientes acima. Deixe esfriar. Depois do banho higiênico, jogue do pescoço para baixo. Não usar mais que uma vez a cada quinze dias.

Banho para destrancar algo que está trancado

Ingredientes:
- Alevante
- Erva-doce
- Funcho
- Arruda-macho
- Guiné-de-guampa
- Erva-pombinha
- Folha de amoreira
- Cambuí
- Folha de marmelo

Modo de preparo:
Coloque dois litros de água para ferver. Quando surgirem as primeiras bolhas, desligue e coloque os ingredientes acima. Deixe esfriar. Depois do banho higiênico, jogue do pescoço para baixo.

Para atrair coisas boas e especiais para sua vida

Ingredientes:
- Um alguidar médio
- Farinha de mandioca
- Azeite de oliva
- Mel
- Sete cebolas roxas descascadas
- Sete pimentas dedo-de-moça
- Um charuto
- Uma vela preta e vermelha
- Uma garrafa de vinho tinto

Modo de preparo:
Faça uma farofa com as mãos. Misturando a farinha, o azeite e o mel. Coloque no alguidar e rodeie com as cebolas. Faça um buraco em cada cebola e coloque dentro uma pimenta, para enfeitar e atiçar a oferenda. A entrega deverá ser perto de um manguezal, ou de um local com água. Acenda o charuto e a vela, fazendo seus pedidos e despeje o vinho em volta.

Rituais para prosperidade

Defumação para atrair dinheiro

Ingredientes:
- Gengibre ralado
- Açúcar mascavo
- Breu
- Semente de girassol
- Noz-moscada ralada
- Pão adormecido ralado
- Louro
- Pitangueira
- Canela em pó
- Cravo-da-Índia

Defumação para atrair bons negócios

Ingredientes:
- Gengibre ralado
- Cravo-da-índia
- Semente de girassol
- Louro
- Açúcar mascavo
- Noz-moscada ralada
- Canela em pó

Defumação para arrumar emprego

Ingredientes:
- Noz-moscada
- Pão adormecido ralado
- Farinha de milho
- Dinheiro-em-penca
- Folha da fortuna
- Canela
- Cravo-da-índia
- Café em pó virgem

Banho para atrair dinheiro

Ingredientes:
- Essência de cravo
- Essência de canela
- Açúcar mascavo
- Folha de cedro
- Folha de salsinha
- Folha de louro
- Folha de limão-galego
- Folha de pitangueira
- Pétalas de rosa amarela

Modo de preparo:
Coloque dois litros de água para ferver. Quando surgirem as primeiras bolhas, desligue e coloque os ingredientes acima. Deixe esfriar. Depois do banho higiênico, jogue do pescoço para baixo. Não usar mais que uma vez a cada quinze dias.

Ebó para conseguir emprego

Ingredientes:
- Pó de café
- Um alguidar médio de barro
- Duas velas palito douradas
- Uma vela preta e vermelha
- Mel
- Dendê
- Dois quilos de farinha de mandioca crua
- Uma garrafa de cachaça
- Um charuto
- Uma caixa de fósforos

Modo de preparo:
Faça a metade do alguidar com farinha misturada com dendê e a outra metade com mel. Jogue um pouco de pó de café por cima e entregue numa encruzilhada, à noite. Acenda as velas, abra a cachaça e acenda o charuto. Faça o encantamento: Kobá, Laroyê Exu, Mojubá. Em seguida, o pedido que desejar. Esse Ebó é oferecido a Exu e deve ser feito numa segunda-feira, lua nova. Ofereça a um Exu de Estrada, em um terreiro.

Para prosperidade e crescimento profissional

Ingredientes:
- Um saco de pano grande e branco
- Um copo de farinha de mandioca
- Um copo de açúcar
- Um copo de fubá
- Um copo de pó de café
- Um copo de feijão branco

- Um copo de feijão preto
- Sete folhas de louro
- Um copo de milho vermelho
- Um copo de milho de pipoca
- Um copo de arroz com casca
- Duas colheres de sopa de mel
- Duas colheres de sopa de melado
- Duas colheres de sopa de azeite de oliva
- Três colheres de sopa de sal
- Sete moedas
- Sete ímãs

Modo de preparo:
Misture todos os ingredientes num recipiente grande e coloque dentro do saco. Passe, simbolicamente, o saco pelo corpo, de baixo para cima, pedindo a Exu que traga fartura. Coloque em uma estrada. Leve algumas moedas, passe-as pelo corpo e deixe-as lá também.

Para trazer alegrias e prosperidade

Ingredientes:
- Um alguidar médio
- Farinha de mandioca
- Um cacho pequeno de uva
- Mel
- Uma maçã vermelha
- Cem gramas de grão-de-bico
- Arroz com casca
- Sete ramos de trigo
- Sete cravos vermelhos
- Sete paus de canela

Modo de preparo:
Coloque no alguidar a farinha, mel, o grão-de-bico, duas colheres de sopa de arroz, as uvas e a maçã, fazendo uma farofa. Decore com os cravos e as canelas. A entrega deverá ser em um parque.

Para atrair cliente

Ingredientes:
- Um alguidar grande
- Farinha de mandioca
- Trigo de quibe
- Damasco
- Azeite de oliva
- Mel
- Uma pedra de quartzo rosa
- Um cigarro mentolado
- Uma vela dourada de sete dias
- Uma garrafa de espumante

Modo de preparo:
Depois de lavar o trigo, misture com a farinha de mandioca, o azeite de oliva e o mel, no alguidar. Decore com damasco e coloque a pedra no centro. Acenda a vela e um cigarro mentolado e deixe ao lado da oferenda. Jogue um pouco de vinho sobre a pedra e a farofa. Depois que a vela apagar, jogue tudo fora, exceto a pedra. Guarde-a ao lado do caixa do seu negócio.

Rituais para atrair amor

Banho para o amor

Ingredientes:
- Casca de maçã
- Casca de bergamota seca e ralada
- Pétalas de rosas vermelhas
- Patchouly
- Pata-de-vaca
- Hibisco
- Mel

Modo de preparo:
Coloque dois litros de água para ferver. Quando surgirem as primeiras bolhas, desligue e coloque os ingredientes acima. Deixe esfriar. Depois do banho higiênico, jogue do pescoço para baixo. Não usar mais que uma vez por mês.

Banho de sedução I

Ingredientes:
- Sete morangos maduros
- Açúcar cristal
- Mel
- Essência de patchouly
- Pétalas de três rosas vermelhas
- Champanhe

Modo de preparo:
Em uma vasilha virgem, coloque a champanhe, sete colheres de açúcar, duas colheres de mel, os morangos, as essências e as pétalas. Tome o banho nu(a) em um local deserto, sob a lua cheia.

Banho de sedução II

Ingredientes:
- Manjerona
- Alecrim
- Dama-da-noite
- Marcela
- Mentruz
- Essência de patchouly

Modo de preparo:
Coloque dois litros de água para ferver. Quando surgirem as primeiras bolhas, desligue e coloque os ingredientes acima. Deixe esfriar. Depois do banho higiênico, jogue do pescoço para baixo. Não usar mais que uma vez por ano.

Banho de sedução III

Ingredientes:
- Pétalas de rosa vermelha
- Essência de verbena
- Essência de patchouly
- Mel
- Pemba vermelha
- Água mineral

Modo de preparo:
Ferva dois litros de água e acrescente as pétalas de rosa vermelha com algumas gotas das essências de verbena e patchouly. Acrescente o mel e raspas de pemba vermelha. Tome seu banho normal e jogue em seguida a poção do pescoço para baixo.

Despeje um pouco da bebida na oferenda e o restante em volta, fazendo seus pedidos à Pombagira Mirim. Acenda as cigarrilhas e coloque ao lado.

Para combater a impotência sexual

Ingredientes:
- Um alguidar
- Um pedaço de pano vermelho
- Farinha de mandioca
- Azeite de dendê
- Um boneco
- Um pênis de cera
- Testículos pequenos feitos de cera
- Sete ímãs
- Sete velas vermelhas e pretas
- Um charuto
- Uma garrafa de conhaque

Modo de preparo:
Forre o alguidar com o tecido e coloque por cima uma farofa feita da mistura da farinha com o dendê. Coloque o boneco no centro, com os testículos de cera no meio das pernas e os ímãs em volta do pênis de cera. Acenda as velas ao redor. Acenda o charuto e despeje o conhaque em volta. Peça para Exu Brasa trazer potência. Deve ser feito em lua cheia.

Para combater frigidez

Ingredientes
- Um alguidar médio
- Dois copos de água
- Um copo de açúcar
- Sete maçãs vermelhas bem bonitas
- Morangos
- Cerejas

- Essência de rosa vermelha
- Sete rosas vermelhas sem os talos
- Uma vela vermelha
- Uma garrafa de espumante

Modo de preparo:
Coloque em uma panela água e açúcar, fazendo um caramelo. Acrescente as maçãs e os morangos, cozinhe levemente. Coloque no alguidar, com as rosas e as cerejas. Borrife essência de rosas na vela e acenda. Ofereça a comida com o espumante para Maria Quitéria.

Para apimentar o relacionamento

Ingredientes:
- Um alguidar médio
- Duas colheres de sopa de pó de guaraná
- Açúcar cristal
- Amido de milho
- Óleo de amêndoas doces
- Cerejas em calda
- Um chocolate com pimenta
- Uma bebida doce
- Um cigarro
- Uma rosa vermelha

Modo de preparo:
Misture com os dedos o amido de milho, o pó de guaraná, meio copo de açúcar cristal, quatro colheres do óleo de amêndoas e um pouco de calda de cereja, fazendo uma farofa. Coloque a farofa no alguidar e enfeite com as cerejas e o chocolate com pimenta. Acenda o cigarro e despeje a bebida em volta da oferenda.

Para você ganhar magnetismo

Ingredientes:
- Um alguidar grande
- Farinha de mandioca
- Mel
- Sete ovos
- Canela em pó
- Uma vela vermelha
- Uma vela dourada
- Uma garrafa de espumante

Modo de preparo:
Faça uma farofa com as mãos, misturando a farinha com mel e canela em pó. Cozinhe os ovos. Coloque-os em pé, por cima da farofa, e regue com mel. Acenda a vela e despeje a garrafa de espumante em volta da oferenda.

Para encerrar fofocas

Ingredientes:
- Um alguidar médio
- Farinha de mandioca
- Azeite de dendê
- Pimenta ataré
- Ramos de salsa
- Sete cravos vermelhos
- Uma garrafa de cachaça

Modo de preparo:
Pique um pouco de salsa e misture com a farinha, azeite e pimenta ataré. Coloque a farofa no alguidar e enfeite com os cravos. Entregue no cruzeiro das almas e despeje a cachaça em volta da oferenda, pedindo que fofocas se encerrem.

Para afastar confusões nos relacionamentos

Ingredientes:
- Um alguidar pequeno
- Folhas de taioba
- Uma ferradura usada
- Um ímã
- Farinha de mandioca
- Azeite de dendê
- Uma garrafa de cachaça
- Um charuto

Modo de preparo:
Misture com as mãos a farinha e o dendê, fazendo uma farofa. Forre o prato ou alguidar com as folhas de taioba e a farofa por cima. Coloque a ferradura usada no centro, com o ímã por cima. Leve a oferenda para uma estrada que você não passe. Despeje um pouco de cachaça na oferenda e o resto em volta e acenda o charuto. Fazer em noite de lua minguante.

Rituais para ter foco

Defumação para destrancar algo que deseja

Ingredientes:
- Arruda
- Eucalipto
- Fumo em rolo desfiado
- Casca de alho (ou palha)
- Guiné-caboclo
- Benjoim
- Incenso
- Alevante

Banho para clarear os caminhos

Ingredientes:
- Guiné
- Arruda-fêmea
- Cambuí
- Anis
- Cavalinha
- Cana-do-brejo
- Alevante

Modo de preparo:
Coloque dois litros de água para ferver. Quando surgirem as primeiras bolhas, desligue e coloque os ingredientes acima. Deixe esfriar. Depois do banho higiênico, jogue do pescoço para baixo.

Entrega para trazer mais prazer à vida

Ingredientes:
- Um alguidar grande
- Sete maxixes
- Sete jilós
- Pimenta dedo-de-moça,
- Farinha de mandioca
- Azeite de dendê
- Mel
- Sete ovos cozidos sem casca
- Um maço de cigarros
- Uma vela preta e vermelha
- Uma garrafa de champanhe

Modo de preparo:
Cozinhe o maxixe e o jiló inteiros, com pimenta dedo-de-moça, não deixando que amoleçam demais. Retire da água e deixe esfriar.

Misture bem a farinha, o dendê, o mel e coloque no alguidar. Coloque os jilós e os maxixes no centro e enfeite em volta da farofa com os ovos cozidos. Leve para uma encruzilhada e peça às pombagiras para que ajudem a trazer mais prazer à vida. Acenda o cigarro e a vela, despeje um pouco do vinho na oferenda e o restante em volta.

Para agilizar um processo na justiça

Ingredientes:
- Um alguidar médio
- Folhas de mamoeiro
- Uma abóbora-moranga
- Sete roletes de cana-de-açúcar
- Um pedaço de mandioca, cozida e descascada
- Uma batata-doce, cozida e descascada
- Rapadura
- Fumo de rolo
- Sete moedas
- Mel
- Cachaça
- Charuto

Modo de preparo:
Forre o alguidar com as folhas. Cozinhe a abóbora e retire a tampa superior e um pouco das sementes. Coloque dentro da abóbora os roletes de cana-de-açúcar, a mandioca, a batata-doce, pedacinhos de rapadura, um pouco de fumo de rolo desfiado e moedas. Regue com mel e cachaça. Coloque na encruzilhada próxima de onde o processo está sendo julgado. Acenda o charuto e deixe do lado.

Para começar algo novo

Ingredientes:
- Um alguidar médio
- Um pedaço de cetim vermelho
- Duas colheres de sopa de pó de guaraná
- Açúcar cristal
- Amido de milho
- Óleo de amêndoas
- Cerejas em calda
- Uma garrafa de bebida doce
- Um brinquedo
- Um charuto

Modo de preparo:
Coloque o pano dentro do alguidar. Misture o amido de milho com o pó de guaraná, meio copo de açúcar, quatro colheres do óleo e um pouco da calda de cereja, fazendo uma farofa. Acenda o charuto e despeje a bebida em volta. Coloque o brinquedo junto e peça a Mirim.

CAPÍTULO 7

Lendas de Exu

Antes de mais nada, as histórias que apresentarei aqui são lendas. Ou seja, nunca aconteceram. Como acontece na Bíblia, com Adão e Eva, e nas parábolas que Jesus contava, são narrativas que trazem fundamentos escondidos, que merecem interpretações.

Essas lendas são, também, a forma de os africanos, há milhares de anos, explicarem a realidade.

O Orixá Exu, que é o grande protagonista das lendas, é retratado como um homem jovem e rebelde. Isso mostra a qualidade de liberdade, vigor e força, que são características dessa Força da Natureza.

Em todas as histórias, Exu é apresentado como um indivíduo muito inteligente, capaz de encontrar soluções inusitadas através de sua astúcia.

O Orixá também é visto como encrenqueiro. E aqui vale uma observação. As pessoas revolucionárias, aquelas que são empreendedoras, que dão início a novos projetos e rompem com o marasmo, são vistas com preocupação e reserva pelos indivíduos que são conservadores e querem preservar uma situação.

Como se trata do princípio que dá início a todo projeto, a libido tratada no Capítulo 1, as lendas explicam de forma simples o porquê de Exu ser sempre o primeiro a ser reverenciado.

É importante lembrar que as lendas não são complementares e muito menos sequenciais. Elas foram contadas no decorrer dos tempos por pais e mães de santo em seus terreiros. As histórias vieram de regiões diferentes da África e sofreram mudanças aqui no Brasil. Não existe um único autor. E, para dizer a verdade, nenhuma delas tem autoria definida.

Algumas dessas narrativas foram reunidas por grandes intelectuais, como Pierre Verger e Reginaldo Prandi. Ambos possuem livros que são referência para o estudo dos Orixás. São obras que recomendo para o estudo frequente.

Exu traz aos homens os jogos de búzios

Em épocas remotas, os deuses passaram fome. Às vezes, por longos períodos, eles não recebiam bastante comida de seus filhos que viviam na Terra. Os deuses cada vez mais se indispunham uns com os outros e lutavam entre si, em guerras assombrosas.

Os descendentes dos deuses não pensavam mais neles, e os deuses se perguntavam o que poderiam fazer. Como ser novamente alimentados pelos homens? Esses não faziam mais oferendas, e os deuses tinham fome. Sem a proteção dos deuses, a desgraça tinha se abatido sobre a Terra, e os homens viviam doentes, pobres, infelizes.

Um dia Exu pegou a estrada e foi em busca de solução. Exu foi até Iemanjá em busca de algo que pudesse recuperar a boa vontade dos homens.

Iemanjá lhe disse: "Nada conseguirás. Obaluaê já tentou afligir os homens com doenças, mas eles não vieram lhe oferecer sacrifícios. Xangô já lançou muitos raios e já matou muitos homens, mas eles nem se preocupam com ele. Então é melhor que procures solução em outra direção. Os homens não têm medo de morrer. Em vez de ameaçá-los com a morte, mostra a eles alguma coisa que seja tão boa, que eles sintam vontade de tê-la. E que, para tanto, desejem continuar vivos".

Exu retornou o seu caminho e foi procurar Orungã, que lhe disse: "Eu sei por que vieste. Os dezesseis deuses têm fome. É preciso dar aos homens alguma coisa de que eles gostem, alguma coisa que os satisfaça. Eu conheço algo que pode fazer isso. É uma grande coisa que é feita com dezesseis caroços de dendê. Arranja os cocos da palmeira e entenda seu significado. Assim poderás conquistar os homens".

Exu foi ao local onde havia palmeiras e conseguiu ganhar dos macacos dezesseis cocos. Exu pensou e pensou, mas não compreendia o que fazer com eles.

Os macacos então lhe disseram: "Exu, não sabes o que fazer com os dezesseis cocos de palmeira? Vai andando pelo mundo e em cada lugar pergunta o que significam esses cocos de palmeira. Deves ir a dezesseis lugares para saber o que significam esses cocos. Em cada um desses lugares, recolherás dezesseis odus. Recolherás dezesseis histórias, dezesseis oráculos. Cada história tem as suas sabedorias, conselhos que podem ajudar os homens. Vai juntando os odus e, ao final de um ano, terás aprendido o suficiente. Aprenderás dezesseis vezes dezesseis odus. Então volta para onde moram os deuses. Ensina aos homens o que terás aprendido, e os homens irão cuidar de Exu de novo".

Exu fez o que lhe foi dito e retornou ao Orun, o Céu dos Orixás. Ele mostrou aos deuses os odus que havia aprendido, e os deuses disseram: "Isso é muito bom". Os deuses, então, ensinaram o novo saber aos seus descendentes, os homens. Os homens então puderam saber todos os dias os desígnios dos deuses e os acontecimentos do porvir. Quando jogavam os dezesseis cocos de dendê e interpretavam o odu que eles indicavam, sabiam da grande quantidade de mal que havia no futuro. Eles aprenderam a fazer sacrifícios aos Orixás para afastar os males que os ameaçavam. Eles recomeçaram a sacrificar animais e a cozinhar suas carnes para os deuses. Os Orixás estavam satisfeitos e felizes. Foi assim que Exu trouxe aos homens o Ifá.

O filho primogênito

Exu foi o primeiro filho de Iemanjá e Oxalá. Ele era muito levado e gostava de fazer brincadeiras com todo mundo. Tantas fez, que foi expulso de casa. Saiu vagando pelo mundo, e então o país ficou na miséria, assolado por secas e epidemias.

O povo consultou Ifá, que respondeu que Exu estava zangado porque ninguém se lembrava dele nas festas; e ensinou que, para qualquer ritual dar certo, seria preciso oferecer primeiro um agrado a Exu. Desde então, Exu recebe oferendas antes de todos, mas tem que obedecer aos outros Orixás, para não voltar a fazer tolices.

Exu e a criação

Oxalá se pôs a caminho, apoiado num grande cajado de estanho, seu paxorô, cajado para fazer cerimônias. No momento de ultrapassar a porta do além, encontrou Exu, que, entre as suas múltiplas obrigações, tinha a de fiscalizar as comunicações entre os dois mundos.

Exu, descontente com a recusa do grande Orixá em fazer as oferendas prescritas, vingou-se fazendo-o sentir uma sede intensa.

Oxalá, para matar sua sede, não teve outro recurso senão o de furar, com seu paxorô, a casca do tronco de um dendezeiro.

Um líquido refrescante dele escorreu: era o vinho de palma, que ele bebeu ávida e abundantemente.

Ficou bêbado, e não sabia mais onde estava e caiu adormecido.

Veio então Odudua, maior rival deste e, vendo o grande Orixá adormecido, roubou-lhe o "saco da criação"; dirigiu-se à presença de Olodumaré para mostrar-lhe o seu achado e lhe contar em que estado se encontrava Oxalá.

Olodumaré mandou Odudua criar o mundo. Odudua saiu assim do além e se deparou com uma extensão ilimitada de água. Deixou cair a substância marrom contida no "saco da criação".

Era terra. Formou-se, então, um montículo que ultrapassou a superfície das águas. Aí, colocou uma galinha cujos pés tinham cinco garras, que começou a arranhar e a espalhar a terra sobre a superfície das águas; onde ciscava, cobria as águas, e a terra ia se alargando cada vez mais, o que em iorubá se diz ilè nfè, expressão que deu origem ao nome da cidade de ilê ifé. Odudua aí se estabeleceu, seguida pelos outros Orixás.

Quando Oxalá acordou, não mais encontrou ao seu lado o "saco da criação".

Despeitado, voltou a Olodumaré, que, como castigo pela sua embriaguez, proibiu o grande Orixá, assim como os outros de sua família, de beber vinho de palma e, mesmo, de usar azeite-de-dendê.

Confiou-lhe, entretanto, como consolo, a tarefa de modelar no barro o corpo dos seres humanos, aos quais ele, Olodumaré, insuflaria a vida.

Pôs-se a modelar o corpo dos homens, mas não levava muito a sério a proibição de beber vinho de palma.

Exu confunde Oxum, Iansã e Iemanjá

Um dia, foram juntas ao mercado Iansã e Oxum, esposas de Xangô; e Iemanjá, esposa de Ogum.

Exu entrou no mercado conduzindo uma cabra. Ele viu que tudo estava em paz e decidiu plantar uma discórdia. Aproximou-se de Iemanjá, Iansã e Oxum e disse que tinha um compromisso importante com Orunmilá.

Ele deixaria a cidade e pediu a elas que vendessem sua cabra por vinte búzios. Propondo que ficassem com a metade do lucro obtido. Iemanjá, Oiá e Oxum concordaram, e Exu partiu.

A cabra foi vendida por vinte búzios. Iemanjá, Iansã e Oxum puseram os dez búzios de Exu à parte e começaram a dividir os dez búzios que lhes cabiam. Iemanjá contou os búzios, havia três búzios para cada uma delas, mas sobraria um.

Não era possível dividir os dez em três partes iguais; da mesma forma, Iansã e Oxum tentaram e não conseguiram dividir os búzios por igual.

Não havia meio de resolver a divisão.

Exu voltou ao mercado para ver como estava a discussão, ele disse: "onde está minha parte?"

Elas deram a ele dez búzios e pediram para dividir os dez búzios delas de modo igual.

Exu deu três a Iemanjá, três a Iansã e três a Oxum; e o décimo búzio ele segurou, colocou-o num buraco no chão e cobriu com terra.

Exu disse que o búzio extra era para os antepassados, conforme o costume que se seguia no Orun.

Toda vez que alguém recebe algo de bom, deve-se lembrar dos antepassados. Dá-se uma parte das colheitas, dos banquetes e dos sacrifícios aos Orixás, aos antepassados. Assim também com o dinheiro. Esse é o jeito conforme feito no céu, assim também na terra deve ser.

Exu é recompensado por Oxalá

Exu não possuía riquezas, não possuía terras, não possuía rios, não tinha nenhuma profissão, nem artes e nem missão. Exu vagabundeava pelo mundo sem paradeiro.

Em um dia, Exu passou a ir à casa de Oxalá, onde se distraía, vendo o velho fabricando os seres humanos.

Muitos e muitos também vinham visitar Oxalá, mas ali ficavam pouco, quatro dias, sete dias, e nada aprendiam; traziam oferendas, viam o velho Orixá, apreciavam sua obra e partiam.

Exu foi o único que ficou na casa de Oxalá, ele permaneceu por lá durante dezesseis anos.

Exu prestava muita atenção na modelagem e aprendeu como Oxalá modelava as mãos, os pés, a boca, os olhos, o pênis dos homens, as mãos, os pés, a boca, os olhos, e a vagina das mulheres. Durante dezesseis anos, ali ficou auxiliando o velho Orixá.

Ele apenas observava e prestava muita atenção e, com o passar do tempo, aprendeu tudo com o velho.

Um dia Oxalá disse a Exu para ir postar-se na encruzilhada por onde passavam os que vinham à sua casa. Para ficar ali e não deixar passar quem não trouxesse uma oferenda a Oxalá.

Exu, que tinha aprendido tudo, agora podia ajudar Oxalá; era ele quem recebia as oferendas e as entregava a Oxalá que, vendo o bom desempenho do seu trabalho, decidiu recompensá-lo; assim, quem viesse à casa de Oxalá teria que pagar também alguma coisa a Exu.

Como surgem os ogãs

Exu sempre foi o mais alegre e comunicativo de todos os Orixás.

Olorum, quando o criou, deu-lhe, entre outras funções, a de comunicador e elemento de ligação entre tudo o que existe; por isso, nas festas que se realizavam no orun (céu), ele tocava tambores e cantava, para trazer alegria e animação a todos.

Sempre foi assim, até que um dia os Orixás acharam que o som dos tambores e dos cânticos estava muito alto, e que não ficava bem tanta agitação.

Então, eles pediram a Exu que parasse com aquela atividade barulhenta, para que a paz voltasse a reinar.

Assim foi feito, e Exu nunca mais tocou seus tambores, respeitando a vontade de todos.

Um belo dia, numa dessas festas, os Orixás começaram a sentir falta da alegria que a música trazia, as cerimônias ficavam muito mais bonitas ao som dos tambores.

Novamente, eles se reuniram e resolveram pedir a Exu que voltasse a animar as festas, pois elas estavam muito sem vida.

Exu negou-se a fazê-lo, pois havia ficado muito ofendido quando sua animação fora censurada, mas prometeu que daria essa função para a primeira pessoa que encontrasse.

Logo apareceu um homem, de nome Ogan, Exu confiou-lhe a missão de tocar tambores e entoar cânticos para animar todas as festividades dos Orixás e, daquele dia em diante, os homens que exercessem esse cargo seriam respeitados como verdadeiros pais e denominados ogãs.

Exu cria os órgãos sexuais

Inicialmente Exu teve dificuldades para localizar os órgãos sexuais no corpo humano. Experimentou colocar o sexo nos pés, o que provocou o desconforto de tê-lo sempre empoeirado e sujo.

Experimentou novamente, colocando o sexo abaixo do nariz e não ficou satisfeito, pois os odores que eles exalavam incomodavam o Orixá.

Na terceira tentativa, Exu descobre a localização ideal, fica o sexo fixo, entre as pernas, em local que o Orixá considera privilegiado, por estar a meio caminho entre os pés e a cabeça.

A esse Orixá é atribuído um caráter fálico, de procriador e das artimanhas que dão ensejo às relações sexuais.

Exu transforma Oxum em pomba

Mesmo depois de casado com Oxum, Xangô continuou indo às festas, a fazer farras e aventuras com mulheres. Oxum queixava-se de solidão, e brigavam. Ela era muito dengosa. Por isso, ele, Xangô, a trancou na torre do seu palácio.

Um dia Exu, dono da encruzilhada, veio para uma encruzilhada defronte ao palácio de Xangô.

Viu Oxum chorando e perguntou o porquê. Ela contou, e ele foi dizer a Orunmilá. Este preparou um Axé e mandou dizer a ela que deixasse a janela aberta. Ele soprou o pó que, entrando pela janela, transformou Oxum numa pomba.

Ela voou para a casa de Oxalá que a transformou para sua forma original.

Exu e a disputa de oferenda

Ossãe e Orunmilá, no calor das competições, foram até Ifá, que lhes recomendou enterrar seus filhos por sete dias para ver quem era o mais resistente e poderoso.

O pai do vencedor gozaria das regalias da autoridade e do prestígio.

O filho de Ossãe era Remédio, e o de Orunmilá era Oferenda. Ambos com poderes semelhantes aos dos seus pais.

Orunmilá, através de Exu mandou alimentos para Oferenda, seguindo indicações de Ifá.

Ossãe, porém, não fez o que lhe foi recomendado, ficando Remédio sem receber alimentação.

Na situação em que estavam, Oferenda e Remédio entraram em acordo, sendo Remédio alimentado por Oferenda.

No sétimo dia, Ifá foi ver quem resistira, chamando-os.

Os dois resistiram.

Oxalá dá a Exu o direito de ser o primeiro

Um dia, Oxalá, cansado de ser zombado e trapaceado por Exu, pois Oxalá era muito orgulhoso, geralmente, por ser um Orixá mais velho, não agradava a Exu, decidiu combater o oponente para ver quem era o Orixá mais forte e respeitado, e foi aí que Oxalá provou a sua superioridade, pois, durante o combate, Oxalá se apoderou da cabaça de Exu, a qual continha o seu poder mágico, transformando-o assim em seu servo.

Foi desde então que Oxalá permitiu que Exu recebesse todas as oferendas e sacrifícios em primeiro lugar.

Exu e os animais de cada Orixá

Iroco era uma árvore, muito importante, importante a valer. Olofin determinou que os Orixás e erês fossem cultuados pelos viventes, e eles saíram pelo mundo à procura de seus filhos; com isso haveria a aproximação do mundo dos encantados com o das pessoas.

Iroco era muito cultuada e trabalhava muito; perto de onde estavam, havia uma feira cheia de movimento. Iroco soprou e seu hálito em forma de vento, foi cair sobre a cabeça da moça que vendia na feira; a moça começou a rodar, a rodar, a rodar, e foi cair nos pés de Iroco, nascendo a primeira filha.

Isso quer dizer que Iroco chega no axé, chega para dançar e ficar.

Todos os Orixás correram para o pé de Iroco, para uma grande junção, chegaram trazendo suas comidas prediletas:

Xangô levou amalá.
Ogum levou inhame assado.
Oxóssi levou milho amarelo.
Obaluaê levou pipoca e feijão-preto.
Ossãe levou farofa de mel de abelhas.
Oxumarê levou farofa de feijão.
Oxalufã levou milho branco.
Oxguiã levou bolos de inhame cozido.
Orunmilá levou ossos.

Exu chegou correndo e levou cachaça. Ajoelhou-se nos pés de Iroco e jogou três pingos no chão, cheirou três vezes e bebeu um pouco. Neste momento Iroco transformou-se em árvore, Ogum em cachorro, Oxóssi em vagalume, Obaluaê em aranha, Oxalá em lesma, Oxumarê em cobra, Xangô em cágado, e as comidas ficaram no pé da árvore.

Ogum, Oxóssi e Exu eram irmãos e filhos de Iemanjá

Ogum era calmo, tranquilo, pacato e caçador, ele é quem provia a casa de alimentos, pois Exu gostava de sair no mundo, e Oxóssi era contemplativo e descansado. Num belo dia, Ogum, voltando de uma caçada, vê sua casa cercada por guerreiros de outras terras.

Vendo sua casa em chamas e seus parentes gritando por socorro, tomou-se de uma ira incontrolável chamada Sairê, e, lutando sozinho, derrotou todos os agressores, não deixando um só vivo.

Daí em diante, Ogum iniciou seu irmão Oxóssi na caça e disse a sua mãe:

– Mãe, preciso ir, tenho de lutar, tenho de vencer, tenho de conquistar. Mas, se em qualquer momento, qualquer um de vocês estiver em perigo, pense em mim, que voltarei de qualquer lugar para defendê-los.

Assim, partiu e tornou-se o maior guerreiro do mundo, vencia a todos os exércitos sem mesmo ter um exército; tornou-se assim a verdadeira força da vitória.

Lenda de Exu Ijelu

Mandaram Exu fazer um ebó, com o objetivo de obter fortuna rapidamente e de forma imprevista.

Depois de oferecer o sacrifício, Exu empreendeu viagem rumo à cidade de Ijelu. Lá chegando, foi hospedar-se na casa de um morador qualquer da cidade, contrariando os costumes da época, que determinavam que qualquer estrangeiro recém-chegado receberia acolhida no palácio real.

Alta madrugada, enquanto todos dormiam, Exu levantou-se sorrateiramente e ateou fogo às palhas que serviam de telhado à construção em que estava abrigado, depois do que, começou a gritar por socorro, produzindo enorme alarido, o que acordou todos os moradores da localidade.

Exu gritava e esbravejava, afirmando que o fogo, cuja origem desconhecia, havia consumido uma enorme fortuna, que trouxera embrulhada em seus pertences, que, como muitos testemunharam, foram confiados ao dono da casa.

Na verdade, ao chegar, Exu entregou ao seu hospedeiro um grande fardo, dentro do qual, segundo declaração sua, havia um grande tesouro, fato este, testemunhado por inúmeras pessoas do local.

Rapidamente, a notícia chegou aos ouvidos do Rei que, segundo a lei do país, deveria indenizar a vítima de todo o prejuízo ocasionado pelo sinistro.

Ao tomar conhecimento do grande valor da indenização e ciente de não possuir meios para saldá-la, o rei encontrou, como única solução, entregar seu trono e sua coroa a Exu, com a condição de poder continuar, com toda sua família, residindo no palácio.

Diante da proposta, Exu aceitou imediatamente, passando a ser desde então o rei de Ijelu.

A parceria de Exu e Xangô

Conta-nos uma lenda que Oxum queria muito aprender os segredos e mistérios da arte da adivinhação, para tanto, foi procurar Exu, para aprender os princípios de tal dom.

Exu, muito matreiro, disse a Oxum que lhe ensinaria os segredos da adivinhação, mas, para tanto, ficaria Oxum sob seus domínios durante sete anos, passando, lavando e arrumando sua casa.

Em troca, ele a ensinaria.

E assim foi feito.

Durante sete anos, Oxum foi aprendendo a arte da adivinhação, que Exu lhe ensinava e, consequentemente, cumprindo seu acordo de ajudar nos afazeres domésticos na casa de Exu.

Findando os sete anos, Oxum e Exu tinham se apegado bastante pela convivência em comum, e Oxum resolveu ficar em companhia desse Orixá.

Em um belo dia, Xangô, que passava pelas propriedades de Exu, avistou aquela linda donzela, que penteava seus lindos cabelos na margem de um rio e, de pronto agrado, foi declarar sua grande admiração a Oxum.

Foi-se a tal ponto, que Xangô viu-se completamente apaixonado por aquela linda mulher, e perguntou se não gostaria de morar em sua companhia no seu lindo castelo na cidade de Oyó.

Oxum rejeitou o convite, pois lhe fazia muito bem a companhia de Exu.

Xangô, então, irado por ser contrariado, sequestrou Oxum e levou-a em sua companhia, aprisionando-a na masmorra de seu castelo.

Exu, logo de imediato, sentiu a falta de sua companheira e saiu a procurar, por todas as regiões, pelos quatro cantos do mundo, por sua doce pupila de anos de convivência.

Chegando nas terras de Xangô, Exu foi surpreendido por um canto triste e melancólico, que vinha da direção do palácio do Rei de Oyó, da mais alta torre.

Lá estava Oxum, triste e a chorar por sua prisão e permanência na cidade do Rei.

Exu, esperto e matreiro, procurou a ajuda de Orunmilá, que de pronto agrado lhe cedeu uma poção de transformação, para Oxum fugir dos domínios de Xangô.

Exu, através da magia, pôde fazer chegar às mãos de sua companheira a tal poção.

Oxum tomou de um só gole a poção mágica e transformou-se numa linda pomba dourada, que voou e pôde então retornar em companhia de Exu para a sua morada.

Exu se torna protetor dos viajantes

Filho de Oxalá com Iemanjá e irmão gêmeo de Ogum, Exu sempre aprontava para chamar a atenção, devido aos seus ciúmes. Destemido, valente e brincalhão, adorava se envolver em tudo o que acontecia na Terra.

Devido à sua imensa curiosidade e vontade de viver, ele andou pelos quatro cantos do mundo, buscando descobrir todos os segredos e mistérios que envolviam o nosso planeta.

Exu era um Orixá que, ao mesmo tempo que era amado, era muito temido, pois já intimidava a todos com seus olhos, que eram duas bolas de fogo.

Ao contrário de alguns Orixás que ansiavam em ter um reino, fundando nações, ele queria o mundo todo, por isso saía pelas estradas, vivendo aventuras e angariando adoradores em todas as tribos que visitava.

Exu é aquele que vive no plano intermediário entre o Orum e o Aiyê. Ele é o protetor dos aventureiros, jogadores e todos aqueles que gostam de viver.

Por que Exu não deve viver na Casa de Oxalá

Exu gostava de dançar e, para ir a uma festa, fazia qualquer coisa. Um dia havia uma festa e ele não podia ir, porque não tinha dinheiro.

Fez todos os esforços possíveis até que, como última alternativa, chegou à casa de Oxalá e prometeu limpar-lhe a casa todos os dias se ele o livrasse de um grande apuro que tinha.

Oxalá aceitou e pagou-lhe adiantado, pelo que Exu pôde ir à festa naquela noite. Esteve muito contente e divertiu-se muitíssimo, estando tão cansado no outro dia, que lhe custou fazer o trabalho a Oxalá como tinham combinado.

A limpeza foi feita de má vontade, nesse e em todos os outros dias. Enquanto isso sucedia, Oxalá ficou doente repentinamente, a tal ponto que teve que consultar Orunmilá. Nesta consulta saiu que na sua casa havia alguém que não era dali e que era necessário que fosse embora.

Que apenas esse alguém saísse de sua casa, e ele melhoraria de saúde; e lhe foi dito que aquele que estava em sua casa se sentia preso e que essa era a razão da sua enfermidade.

Oxalá se recordou do rapaz que tinha na sua casa para a limpeza, mas não o despediu de imediato, e, quando houve outra festa no povoado, disse-lhe: "Toma este dinheiro e vai à festa. Já não me deves nada, mas não me abandones e visita-me quando quiseres".

Exu foi-se embora muito contente e, desde esse momento, Oxalá começou a melhorar e curou-se da doença que tinha.

Causos de Exu

Não há quem não tenha tido experiências ou ensinamentos incríveis com exus e pombagiras. Nesses anos de Umbanda e Candomblé, foram muitos os "causos" com eles, assim como com o Orixá Exu.

A capa de Exu

Minha primeira experiência marcante foi com Senhor Exu Rei, na casa onde fui iniciado na Umbanda. Eu era um abiã e havia sido recolhido, com outros médiuns, durante o Carnaval, para vários rituais. Na ocasião recebemos a incumbência de organizar uma festa para exus e pombagiras. Tal celebração teria, além de comidas e bebidas, danças e apresentações que trouxessem lendas de Exu.

Após termos apresentado uma lenda que falava de babalaô e Exu, fomos chamados no roncó, à frente do Seu Exu Rei, dirigente da casa. Naquele grupo éramos dez pessoas. Fiquei no canto, meio escondido, enquanto o mentor se dirigia a alguns médiuns e dava broncas por situações que eles passavam na vida.

Assim que terminou a sessão "pito", e ele nos dispensou, respirei aliviado e analisei comigo mesmo, em pensamento, o quão era feliz por ter me safado dessa. Mal terminei o pensamento, Seu Rei olhou para mim, pediu que todos permanecessem no espaço e me chamou.

Eu estava vestido, por conta da apresentação, com uma roupa de babalaô. Ele me olhou de cima a baixo, deu um sorriso e perguntou a uma das mães pequenas da casa, porque um abiã estava com uma roupa que não correspondia a seu grau ritualístico. Em uma camarinha de ritual e disciplina, era algo inadmissível, segundo ele.

Percebendo que a situação iria azedar e vendo o constrangimento da mãe pequena, resolvi contestar e dizer que naquela situação eu não estava vestindo uma roupa litúrgica, mas um figurino de apresentação teatral.

Os outros abiãs ficaram tensos. E o Seu Rei olhou fixamente para mim. Com uma voz gélida, perguntou se eu o estava desmentindo. Respondi que em absoluto, mas apenas dando um outro olhar para a situação.

Então ele me pediu que discorresse mais sobre minha ideia. Expliquei que, no meu entender, algo poderia ter diferentes funções dependendo da situação. Que um fio de conta que não fosse cruzado e que não tivesse um significado espiritual era apenas uma bijuteria e não uma guia. Falei também que uma música que não tivesse sido consagrada, era apenas uma música, e não um ponto cantado.

Ele sorriu. Era a resposta que ele queria. Seu Rei foi um dos espíritos mais brilhantes que já conheci. Conseguia, como um exímio jogador de xadrez, perceber várias jogadas à frente. Vivia sempre testando nosso raciocínio e lucidez.

Disse que iria embora e que não desincorporaria sem provar que eu estava usando uma peça que não era do meu grau. Tirou sua capa e colocou sobre mim. Deu-me dois conselhos, que me orientam até hoje, e desincorporou.

A experiência me mostrou que exu sempre tem razão.

A casinha de cachorro

Quando recebi de minha tia Rosa, Ialorixá feita para Ogum, as bênçãos, as orientações, os assentamentos e axés para dirigir o terreiro, ouvi dela que a tronqueira, assim como as demais firmezas da casa, deveria receber toda a atenção do planeta. Não importasse o tempo, disponibilidade ou meu estado físico.

E acrescentou que o seu exu sempre se queixava das dimensões da maioria das tronqueiras, que mais pareciam casinhas de cachorro.

Depois de abertos os trabalhos da casa, Seu Sete Encruzilhadas, o exu que me guia, disse-nos em uma gira que o tamanho do culto a Exu determina as dimensões de um projeto. O valor que dávamos aos trabalhos dos exus e pombagiras também se refletiam em nossas vidas.

Na mesma hora, Cássio, pai pequeno da casa, entendeu o recado e, com o apoio preciso de duas filhas amadas de Iansã, construiu uma pequena casa para o Orixá Exu e para os exus e pombagiras da casa, muito maior que a "casinha de boneca" que tínhamos.

Lá guardamos parte dos assentamentos de esquerda da casa. Sendo que os demais, obviamente, estão em lugares secretos.

O nosso trabalho e a casa, desde então, não pararam de crescer. Isso mostra que há um terrível mal-entendido na Umbanda em colocar os exus como empregados dos caboclos e pretos velhos. Ou ainda a falsa ideia de que trabalhos de Exu devem ser colocados nas ruas.

Tempos depois, quando iniciado no Candomblé, vi que Exu tem o mesmo prestígio que os outros Orixás. Com rituais e ilês (casas) tão importantes quanto os de Xangô, Iabás e Oxalá.

Cansei de ver médiuns que não cuidam de seus assentamentos de Esquerda – assim como casas espirituais que deixam as tronqueiras sujas –com muitos problemas na vida. Certa vez, ouvi, de um grande pai de santo, uma frase que também faz parte de minha filosofia de vida: "Há quem coloque Exu para comer na rua. Em minha casa, Exu tem mesa e todas as honras de um grande rei."

Exu e verdade

Certa vez, ouvi de um exu, em uma festa em uma casa de Candomblé:

– Certas pessoas perderam a noção do ridículo e não sabem com que estão brincando. Olhe ao seu redor. Esses exus e pombagiras incorporam em médiuns que não se prepararam. Encarnados que não tomaram os banhos, não respeitaram preceitos e nem fizeram suas firmezas. Os coitados dos exus e pombagiras incorporam nas energias de seus filhos, que estavam repletas de toxinas. Além disso, seus paramentos mais parecem fantasias de Carnaval do que vestimentas com fundamento. Há médiuns que fumam, bebem, sem estar incorporados. Há quem também, dizendo-se incorporado, dá em cima de outros encarnados, colocando o nome do seu protetor na boca do povo. Exu gosta de festa, mas não de arruaça. Exu gosta de risada, mas não de deboche. Exu funciona com verdade, não com mentiras e enganações. Quantas festas de Exu parecem mais boate que rituais? Se alguém vive fazendo reza, entrega para Exu e reclama que não tem resposta, precisa ver o quanto, de verdade, respeita o Orixá e seus guias. E quanta verdade existe em seu coração. Exu merece respeito. E tudo vê.

Cuidado com o que pede

Era uma gira de final de ano. Uma consulente dirigiu-se para Seu Sete Encruzilhadas com fisionomia abatida.

Durante a conversa, explicou que não mais aguentava o marido. Estavam casados há pouco mais de trinta anos, mas que a convivência estava impossível. Mal deixava o exu falar.

O cambono logo percebeu que se tratava daqueles casos em que há três verdades: a de cada uma das partes e a realidade. A impaciência, a arrogância e a falta de diálogo mostravam quem era quem no casal. Possivelmente, o marido não era o vilão, como dizia a senhora, mas alguém que deveria conviver com sua personalidade muito difícil.

Após dez minutos lamentando sem parar, pediu ao Seu Sete:
– Meu pai, eu não suporto mais. Faça qualquer coisa, mas acabe com as reclamações de meu marido.

Seu Sete olhou para ela, tomou um gole de uísque e lhe disse:
– Estamos diante de uma encruzilhada, tenho três saídas fáceis e uma opção que é mais complicada. Imagino que você queira ouvir as mais fáceis primeiro. E você já pode escolher entre elas. A

primeira é que podemos tirar a sua audição; moça, você estará livre de ouvir a voz de seu marido. A segunda é que podemos deixá-lo acamado, em estado vegetativo, sem poder dar um pio. E a terceira é separar vocês dois, inclusive trazendo um de vocês aqui para o astral. Qual você prefere?

A consulente, horrorizada, se benzeu e respondeu:

– Credo, meu pai. Deus que me livre. Não quero nenhuma delas. Mas o senhor disse que são quatro as opções, qual a quarta?

– A quarta e melhor solução é a mais difícil. Vamos te acompanhar e inspirá-la a ter mais paciência. Você vai finalmente aprender a conviver melhor com as pessoas e suas diferenças, não colocando tantas expectativas nos relacionamentos. Um caminho que vai exigir esforço contínuo seu, mas que vai te curar para sempre e não vai apenas aliviar os sintomas – respondeu o mentor.

– Não tem banho, despacho, nada além disso? – insistiu a mulher.

– Tem, minha filha. Para você ficar mais centrada e consciente. Posso passar?

Ela aceitou, desanimada e pensativa. Mas voltou com o marido um ano depois, agradecendo a melhora no casamento.

Muita gente quer que exus e pombagiras resolvam os problemas delas, como se fossem empregados, quando, na verdade, eles apoiam a pessoa a resolver uma situação dando bons conselhos, proteção, força, saúde e caminhos abertos. Todo mundo quer milagre ou despacho, raramente se busca ou se aceita mudar a conduta.

Essas entidades são como treinadores ou médicos. Fazem o diagnóstico, sugerem remédios, mas são os pacientes que se curam.

Esse caso mostra que é preciso também aprender a pedir para Exu. Porque nem sempre ele vai dar opções. Muitas vezes aquilo que você pediu, mesmo que você se arrependa depois, chegará em sua vida. Até para aprendermos a ser gratos quando perdemos algo.

Peça sempre para exus e pombagiras proteção, sabedoria, saúde e caminhos bons abertos. Não tem erro.

A cachaça jogada fora

Em uma época da vida, estava passando por alguns problemas profissionais que me tiravam o sono. Limitava-me a tentar achar sozinho uma solução e lamentar junto aos familiares as dificuldades.

Na verdade, a situação desagradável fora causada por más escolhas minhas, o que me constrangia em pedir ajuda para as entidades.

Fui a uma gira de esquerda e, mal o ritual começou, fui chamado por um exu, que pediu que fosse ajudá-lo. Ele gentilmente dispensou seu cambono e disse que eu deveria assumir o posto. Sequer me cumprimentou e começou a dar suas consultas.

Já no primeiro atendimento, ele deu um passe em um rapaz, e, em seguida, jogou fora toda a cachaça que tinha consigo.

Virou para mim e disse que precisava de mais cachaça. A gira, no meio da noite, em um lugar afastado da cidade, me obrigava a pedir "emprestado" para outros exus.

Passei de entidade em entidade, recolhendo um pouco de cachaça até a garrafa do Seu Poeira, esse era seu nome, estar novamente cheia.

Depois da segunda consulta, novamente ele se desfez da cachaça e novamente pediu que fosse repor a bebida.

Visivelmente constrangido, fui pedir novamente para os exus mais bebidas, já com olhar de reprovação dos cambonos.

Voltei para a entidade. Depois da quarta consulta, novamente o exu se desfez da cachaça e pediu mais. Fiquei completamente desconfortável em ter de pedir mais cachaça para outros exus. Pensei comigo mesmo: "Por que tanto desperdício de bebida? Ainda sobra pra eu ter a tarefa de ser cara de pau e mendigar cachaça alheia." Contrariado, mais uma vez "corri a gira" atrás de "marafo".

No final do ritual, antes de desincorporar, o exu virou-se para mim e perguntou o que achei do trabalho. Respondi que fiquei impressionado com o seu poder e, antes de eu falar qualquer coisa a mais, ele me pediu silêncio. Em seguida, explicou:– Meu filho, é melhor ser cara de pau, do que ter a cara no chão. Não há por que ter vergonha de pedir ajuda, mesmo depois de se ter errado. Ninguém aprende a andar se não cair, ninguém aprende a falar, se não errar. O importante é reconhecer a falha e buscar reparar as bobagens. Sempre é tempo de recomeçar. Estradas novas não faltam. Não existe limite para Exu ajudar. Peça tantas vezes quantas forem necessárias. Além disso, ter orgulho é muito feio. Quando precisar ajudar, seja o primeiro. Mas, se precisar de apoio, peça, sabendo que somos todos dependentes uns dos outros. E antes que me esqueça, cada leva de cachaça despachada era para limpar o teu caminho. Acredite que eu precisava de cada gota para mandar embora energias negativas que te prejudicavam.

Em seguida, deu um sorriso e desincorporou.

A majestade das palavras

Certa noite, Seu Sete Encruzilhadas passou um recado para o cambono, destinado para mim. O mentor explicou que majestade exige boca limpa. Sem delongas, desincorporou.

Recebi a mensagem sem entender. Conversei com o cambono e pedi que, na gira seguinte, após um mês, perguntasse o significado. Tentei evitar falar palavrão, imaginando que levaria pimenta na boca em nosso próximo encontro.

Dias se passaram e, cada vez que eu reclamava de algo ou criticava alguém, sentia um cheiro de charuto em torno de mim.

Diante de reclamações infundadas de outras pessoas, colocava-me em discussão, tentando dar explicações para quem não queria ouvir. Mais uma vez, charutos.

Depois de um mês, no dia da gira da esquerda, com uma tosse insuportável, que não tinha explicações – eu tinha ido até o médico, imaginando que se tratava de gripe, faringite ou qualquer outra moléstia – o exu incorporou e disse: "a boca de quem lidera tem de saber o peso das palavras. Melhor ter uma tosse que te impeça de falar abobrinhas que ter arrependimento porque não houve disciplina na língua".

A motorista de Exu

Lis é daquelas quarentonas que não aparenta idade. Adepta da prática da dança, adora tecnologia e novas filosofias.

Seu maior medo era de dirigir o seu próprio carro. Em 2013 comprou um veículo e, naquele momento, disse para si mesma:

– Agora tenho minha independência. Não vou depender de mais ninguém.

Mas não foi bem isso que aconteceu. Na primeira vez que pegou na direção, ao guardar o carro na garagem, ela o bateu na lateral do portão, o que causou um barulho muito forte. Daquele momento em diante, o medo tomou conta do seu corpo por completo, acabando ali a pequena coragem de dirigir.

Com isso, o que ela mais temia voltou a acontecer: a dependência de outro motorista. Seu pai, já idoso, é quem a levava aos locais aonde precisava ir. Outras vezes optava pelo transporte público.

Quatro anos depois, o seu pai veio a infartar, não podendo mais dirigir.

Foi quando ela resolveu encarar o medo e se consultar com Exu Caveira em uma gira.

– O que você quer? – perguntou o guardião.

E prontamente ela respondeu que desejava perder o medo de dirigir.

O exu então pegou suas mãos e pediu que ela fechasse os olhos. Em seguida lhe disse:

– Faremos um trato: você me passa seu medo e, a partir de hoje, você não terá mais medo.

Foi quando sentiu uma energia inexplicável, dando-lhe um excesso de coragem, que nunca havia sentido antes.

No dia seguinte, a coragem era tanta, que pegou o carro e não mais parou de dirigir, tornando-se conhecida no terreiro como a Uber de Exu.

Mensagem do Sr. Sete Encruzilhadas

Boa noite!

Sete Encruzilhadas, quando perguntado, sempre aponta os melhores caminhos, mas a decisão final de qual percurso a pessoa seguirá depende dela mesma. Exu nunca desrespeita livre arbítrio, até porque é da essência do Orixá defender a liberdade individual. Desse modo, quem seríamos nós para impor algo?

A existência de encruzilhadas é a prova de que o Criador quer que seus filhos aprendam a desenvolver o discernimento e cresçam a partir de suas escolhas. Isso é evolução consciente. O livre arbítrio é a maior prova do amor e da confiança que Deus tem nos potenciais de seus filhos. Exu é guardião do livre arbítrio, e ele só fecha um caminho se foi pedido, de algum jeito, pelo próprio encarnado.

Esse pedido pode ser expresso, quando a pessoa, em oração, pede que o plano astral o livre de um mal ou ainda quando reza pedindo proteção.

Mas o fechamento de caminho também ocorre quando alguém que age de forma honesta e ética, e, portanto, com merecimento e crédito espiritual, por ignorância ou inocência, resolve tomar uma decisão que se mostrará perigosa no futuro. É o que vocês chamam de livramento.

Exu também é o elo que garante a integridade do indivíduo. Se Xangô, com o esqueleto, garante a estrutura, Exu é que mantém todo o organismo de pé e íntegro. A fragmentação é algo que polariza a força de Exu.

Daí que pessoas deprimidas se sentem fragmentadas. Quando um sistema dentro do corpo começa a falhar, é também uma prova de que a força Exu do indivíduo está descompensada.

Exu é a explosão da vida. Exu é a expressão das potencialidades.

A explosão é a expansão de toda força e sabedoria que um indivíduo tem dentro de si e que se encontra dormente. Por isso somos perseguidos. O que pode ser pior para o dominador que a explosão de consciência e força do dominado?

Exu é temido porque lida diretamente com os instintos, e as pessoas têm medo dos instintos. Eles não são ruins já que apontam, através de sensações inexplicáveis, por exemplo, quando outras pessoas estão mentindo. São os instintos, por exemplo, que protegem os animais, servindo também para garantir as forças vitais.

É óbvio que o ser humano não pode ficar só no instinto. Isso é prerrogativa dos animais irracionais. Mas desconsiderar o instinto, as sensações que ele aponta, é desconectar indivíduos também da Natureza.

Exu veio para incomodar e provocar, para lembrar que cada indivíduo é um universo repleto de possibilidades. E essas potencialidades precisam vir à tona.

Toda vez que as pessoas não se expressam, não se expandem, há um fenômeno entrópico, de implosão, em que a estrutura interior do indivíduo implode. As doenças autoimunes são exemplos disso. Quando as forças que deveriam proteger passam a atacar o próprio corpo.

Nesses casos é fundamental o entendimento do porquê de tal fato acontecer e a intervenção de espíritos que dominam essas energias.

Mensagem de Dona Quitéria

Eu trabalho nas forças e nas energias de Nanã Buruku e de Oxum, além de Exu, é claro. Nossa linha, das pombagiras Quitérias, trabalha nas transformações das ilusões que homens e mulheres carregam em seus relacionamentos, principalmente os amorosos.

Ao se apaixonarem, as pessoas encontram verdades mútuas, que criam um vínculo aparentemente indissolúvel. Mas, com o tempo, essas mesmas verdades, se continuarem intactas, não evoluindo como ocorre com tudo na vida, vão se tornando máscaras perigosas que surgem, supostamente, para manter relacionamento, mas que, na verdade, têm efeito contrário.

Um casal apaixonado é aquele que busca manter a verdade dos sentimentos em sua própria evolução. A relação precisa se transformar, assim como os sentimentos. É preciso a maturidade.

Não se pode manter um relacionamento idêntico depois de anos de convivência. Inclusive essa nova verdade surge a partir da transformação imposta pelo tempo e as experiências individuais e conjuntas.

Somos nós que alimentamos o fogo que separa a realidade das ilusões.

Toda Quitéria é especialista em desmascarar falsos sentimentos. Somos mestres em trazer a verdade dos corações e das emoções nos encontros amorosos.

Mostramos novas possibilidades e apontamos caminhos para o renascimento das relações. Sabemos que esse novo fogo nunca será igual ao inicial, podendo inclusive ser maior.

Se um rio nunca é o mesmo, porque a água que passa nele nunca é a mesma, como acreditar que anos, e mesmos dias, não transformam as pessoas e relacionamentos?

Os valores fundamentais de um casal devem continuar os mesmos, mas as pessoas se tornaram diferentes. Se você acredita que ama a mesma pessoa há cinquenta anos, você está ao lado de uma múmia, congelada no tempo, ou está ao lado de uma ilusão.

Você se transformou, a outra pessoa também se transformou. Inclusive, você é responsável pelas mudanças pelas quais a pessoa passou, e ela é responsável por quem você é hoje.

Através do processo de uma morte simbólica, casais podem se reencontrar em suas verdades. E continuarem se amando, se apaixonando novamente pela mesma pessoa, mas que muda todo o tempo.

Mostramos outras possibilidades nas relações, inclusive novas experiências. Não quero dizer que casais se separam e viram apenas amigos. Mas os casais podem continuar juntos, se amando, e desenvolver olhares diferentes sobre situações e criar novos projetos conjuntos.

A síndrome do ninho vazio só aparece em famílias em que os casais finalizaram o sonho mútuo no nascimento dos filhos.

As crianças podem crescer e seguir suas vidas. Novos projetos a dois podem e devem surgir.

Isso é amor. Isso é companheirismo. Apaixonar-se porque a pessoa que está ao seu lado venceu um desafio é algo lindo. Encantar-se pela evolução do companheiro é apaixonar-se novamente.

Mensagem do Sr. Exu Caveira

Somos espíritos que trabalham contra grandes forças malignas. Quebrando feitiços, salvando pessoas de enormes perigos e transmutando energias tão complexas, que não é possível explicar para os encarnados. Energias que vibram em uma frequência que vocês, no plano terrestre, são incapazes de perceber, mas que são potencialmente muito perigosas.

Energias que, se vocês apenas sentissem, já os matariam.

Nós, Caveiras, não precisamos falar nas consultas. A única coisa que precisamos é que vocês nos deixem entrar em suas realidades para agir. Nunca agimos sem autorização. E a principal porta são os olhos de vocês.

Temos trabalhos muito específicos, mas não somos melhores que os demais exus. Não somos bons em consultas e conselhos. Somos aqueles que mexem para desmontar uma bomba prestes a causar uma tragédia. E nesse tipo de trabalho, não há muito espaço para o diálogo, apenas a ação.

Não há por que temer os Caveiras. Tem gente que acha que vai acabar em uma cova porque acha que deve algo para nós. Existem linhas de calunga muito mais intolerantes.

Nós, Caveiras, não somos burros. Carregamos uma sabedoria milenar. Entendemos o ser humano e suas dificuldades. Não existe, de forma alguma, intolerância em quem é sábio.

Somos de outros tempos, vimos muitas coisas acontecer no planeta Terra, mas nossos valores são eternos. Em nossos trabalhos, usamos da energia que não é mais útil para os encarnados. Tudo aquilo que é temporário.

Para nós a morte é apenas uma transição pela qual todos devem passar.

Mensagem de Dona Maria Padilha

Somos especialistas em relações afetivas. Nosso trabalho se dá mexendo energeticamente com mágoas, inseguranças e autoconfiança.

Nosso objetivo é que a luz do amor puro sempre prevaleça. Para isso agimos diretamente nas questões mal resolvidas entre as pessoas que se relacionam entre si.

Vencemos as convenções estéticas e sociais, altamente consolidadas e muito perigosas. Muitas dessas convenções são impostas por figuras autoritárias e permanecem há séculos limitando a ação, a expressão e a afetividade da humanidade.

Nosso objetivo é mostrar que todos têm direito ao amor. A *solitudine*, que é o desejo de se voltar interiormente, é um desejo razoável e até uma expressão de sanidade mental. Mas a solidão é doença.

Acreditar que não se é merecedor de afeto e atenção é uma das grandes mentiras que o homem já inventou. Causa de muitos traumas e doenças emocionais.

Se Exu Caveira tem dificuldade em abrir os olhos das pessoas, minha dificuldade é mostrar que um indivíduo pode mudar seu olhar em relação ao outro e a si próprio. Ajudamos homens e mulheres a voltar-se para o amor.

Toda vez que uma pessoa, dentro ou fora dos padrões de beleza, encontra a felicidade, a missão de Maria Padilha está concluída.

Mensagem do Exu Brasinha

A gente não é mau. A gente não faz traquinagem. "Nós" só faz aquilo que é preciso fazer. Aquilo que exu e pombagira manda a gente fazer.

Brasinha e os outros Exus Mirins são chamados no final dos trabalhos para levar embora aquilo que atrapalha a vida das pessoas. Se Tranca-Rua fecha o caminho das coisas ruins, a gente leva embora qualquer possibilidade de o caminho voltar a se abrir.

Se Sete Estradas abre o caminho, a gente leva embora tudo o que pode fazer o caminho voltar a se fechar.

Se as pessoas pensam que estamos pra fazer palhaçada ou bagunça nos trabalhos, é porque não sabem de nada. Se acham que a gente só vem para atrapalhar ou perder tempo, é porque não entenderam que um problema precisa ficar pequeno pra desaparecer mais rápido.

Tem coisa pequena que é melhor que coisa grande. A gente entra em qualquer lugar e ninguém percebe. As pessoas veem a gente e pensam que a gente é pequenino, mas ninguém tropeça e cai por causa de uma montanha. A rasteira, o tropeço se dá porque todo mundo despreza o pequeno.

Uma aranha pequena pode matar mais rápido que um bicho grande. Não é, tios?

Não se pode julgar a força de alguém pelo tamanho. Às vezes, para entrar num buraco e tirar um mal, é preciso que seja alguém pequeno. Tipo buraco de tatu. A pessoa grande não consegue.

Se um Exu Mirim pedir algo para você, faça rápido. A gente nunca pede nada que vai prejudicar você. A gente só pede aquilo que precisa ser feito.

Glossário

Acaçá: comida feita de milho branco ou farinha de arroz envolvido em folhas de bananeira e pode ser servido para todos os Orixás.

Acará: comida de origem africana feita de feijão e azeite de dendê, oferecida para Xangô, Iansã e Obá.

Alaka: é um pano utilizado nas religiões de matriz africana como paramento religioso.

Alguidar: recipiente de barro dentro do qual se colocam alimentos sagrados assim como banhos.

Amalá: comida feita de quiabo e azeite de dendê, oferecida para Xangô.

Arquétipos: conceito que surgiu na Psicologia e significa um modelo de personalidades ou de acontecimentos presentes em todas as culturas.

Axé: conhecido também como fluido vital. É o elemento que cristaliza formas no universo físico.

Babalaô: dentro da Umbanda é uma outra denominação dada ao Pai de Santo. No Candomblé é um sacerdote iniciado no culto de Ifá, com fundamentos para os oráculos.

Babalorixá (ver tambémm Iyalorixá): indivíduo do sexo masculino iniciado em religiões de matriz africana e que recebe os fundamentos e assentamentos necessários para dirigir uma casa espiritual, seus rituais, e orientar a trajetória mediúnica de outras pessoas.

Bate-folhas: forma de sacudimento que se utiliza de folhas para limpeza energética.

Cambono: trabalhador de uma casa espiritual que auxilia a entidade incorporada em seu atendimento. Não importa o tempo de trabalho dentro da religião, tanto um neófito quanto um Babalorixá ou Iyalorixá podem ser cambonos de entidades.

Cavalo: linguagem utilizada na Umbanda para se referir aos médiuns. Em certas casas, são chamados de burros, não no sentido pejorativo, mas para dizer que devem ser trabalhadores espirituais incansáveis, dirigidos por Forças Superiores.

Chacras: são os centros de força situados no corpo energético e que têm como funções principais a absorção de energia e ponte entre o corpo espiritual e o corpo físico. Os principais chacras são sete.

Despacho: nome popular para um ritual em que se mandam embora energias negativas da vida de uma pessoa.

Dijina: nome sagrado que um filho de santo recebe ao se iniciar no Candomblé e algumas tradições de Umbanda.

Ebó: trabalho espiritual para limpar o campo energético ou caminhos de um indivíduo.

Efó: comida de origem africana que leva azeite, leite de coco e camarão, oferecido para Nanã.

Egum: todo e qualquer espírito desencarnado.

Eledá: a maior força protetora de um indivíduo.

Elemental: espírito desencarnado com uma consciência primitiva. Serão um dia humanos, mas ainda não são. Estão entre os primatas e os humanos. Atuam nos reinos da Natureza defendendo os campos energéticos de animais, plantas, rios e mares.

Encostos ou obsessões: energias ou espíritos encarnados e desencarnados que vampirizam outros indivíduos.

Falanges: são grupos de espíritos desencarnados que trabalham dentro dos mesmos fundamentos, sob a supervisão de um espírito que manipula com maestria determinadas Forças da Natureza.

Família da palha: dentro do Candomblé, reúne os Orixás de origem Jeji, entre eles Nanã, Omolu, Oxumarê, Ewa, Iroko e Ossãe.

Família do Dendê: reúne os Orixás de origem Nagô, guerreiros, e nos enredos ligados a Xangô e Iansã.

Giras: rituais da Umbanda em que espíritos desencarnados, assim como Orixás, incorporam e auxiliam os assistentes presentes.

Goécia: a palavra tem origem em um dos livros de magia de Salomão. É equivocadamente conhecida como magia negra, mas se trata de uma chave para acessar o subconsciente de um mago.

Incorporação: manifestação energética, vibracional, emocional e psíquica em que um ente distinto se manifesta através de um outro indivíduo. Academicamente conhecida como psicofonia.

Ipetê: comida de origem africana que leva feijão-fradinho e azeite de dendê, oferecida para Oxum.

Iyalorixá (ver também Babalorixá): Indivíduo do sexo feminino devidamente preparado que dirige trabalhos espirituais dentro de religiões de matriz africana.

Ofá: ferramenta de Oxóssi ou de Obá, que lembra o arco e flecha.

Oferenda: materiais utilizados com fins ritualísticos. Podem ser alimentos, folhas, flores, pedras, velas, charutos, cigarros e bebidas que condensam e anulam energias, no intuito de equilibrar ou reequilibrar indivíduos emocional e espiritualmente.

Ojá: tipo de turbante utilizado nas religiões africanas em rituais.

Orixá: forças divinas que se apresentam na Natureza (fogo, ventos, mares, folhas), na psique humana (coragem, fé, criatividade) e foram representadas por muitos séculos como figuras de formas humanas, apenas para facilitar o entendimento e o culto.

Orixá Fun: são Orixás frios, para os quais nunca se oferece azeite de dendê, pimenta ou bebidas alcoólicas. Sua cor é o branco, e seu maior representante é Oxalá.

Pé da entidade: estar no "pé da entidade" significa que um médium iniciante incorpora supervisionado por um outro guia espiritual.

Pemba: um tipo de giz utilizado na Umbanda para fins de magia.

Quiumbas: são energias deletérias que agem negativamente no campo eletromagnético de uma pessoa ou de um lugar.

Sacudimento: como o próprio nome diz, significa sacudir, movimentar e limpar. Trata-se de um ritual de libertação em que ligações e energias negativas são desconectadas de um indivíduo.

Informações adicionais

Nomes dos filhos de Exu

No Candomblé e em certas tradições de Umbanda, os filhos de um determinado santo recebem um nome iniciático, de acordo com o Orixá.

Diferentemente do nome do Orixá, que deve ser mantido em segredo, o nome ritualístico, ou dijina, pode ser divulgado e é o nome pelo qual o indivíduo é reconhecido na casa.

Obviamente o nome deverá ter fundamentos do Orixá. Ele não é escolhido como se faz na cultura ocidental. O significado traduz com precisão a relação do Orixá para com seu filho iniciado.

Exubambô: Exu veio comigo;
Exubamí: Exu me salvou;
Exubankê: Exu vai cuidar de mim;
Exubemigá: Exu vai me deixar subir na vida;
Exubyi: Exu me deu à luz;
Exudará: Exu é bom;
Exudolá: Exu dá honra;
Exuduni: Exu é bom para ter;
Exufemí: Exu me quer;

Exufunmilayô: Exu me deu alegria;
Exukayodê: Exu trouxe alegria para mim;
Exukemi: Exu me cuide;
Exukoê: Exu construiu casa para mim;
Exukolá: Exu construiu a honra;
Exukunlé: Exu enche minha casa;
Exulaná: Exu abriu meu caminho;
Exulano: Exu tem piedade de mim;
Exulayô: Exu tem alegria;
Exulebun: Exu tem riqueza para me dar;
Exulekê: Exu está em cima de tudo;
Exulolá: Exu tem a honra;
Exulorê: Exu tem bondade;
Exulowô: Exu tem dinheiro para me dar;
Exumolá: Exu trouxe honra/riqueza;
Exuniyi: Exu tem prestígio;
Exurewajú: Exu vai me seguir na frente;
Exuribibê: Exu tem lugar na minha vida;
Exuronkê: Exu me tem para cuidar;
Exusiná: Exu abriu meu caminho;
Exusojí: Exu surgiu na família;
Exusolá: Exu é da riqueza;
Exusomí: Exu me protege;
Exusoná: Exu é meu guia;
Exutadê: Exu é igual coroa;
Exutobí: Exu é grande;
Exutoná: Exu me encaminha;
Exutosin: Exu é bom de adorar;
Exuwalê: Exu veio para casa;
Exuwendê: Exu me cura;
Exuwumí: Eu gosto do meu Exu;
Exuyinká: Exu está em volta de mim;
Exuyomí: Exu me aconselha.

Lista de Ervas de Exu

A classificação por temperatura indica se a erva trabalha energeticamente com impulso de ação (fogo), equilíbrio e consciência do universo físico (terra), receptividade e apoio emocional (água) ou transcendência espiritual e melhoria na expressão e raciocínio (ar).

Nunca receitamos a ingestão de ervas. Deixamos qualquer prescrição, mesmo de chás, para profissionais de saúde, já que a terapia espiritual nunca dispensa nenhum tratamento médico. As ervas têm a função de atuar no campo energético de uma pessoa ou ambiente.

Quanto à classificação – quente, morna ou fria – trata-se de sua potência e atuação junto ao campo eletromagnético. Ervas quentes são muito potentes e não devem ser utilizadas sozinhas, mas sempre acompanhadas de mornas ou frias.

As ervas quentes têm um princípio energético semelhante ao ácido e ficam equilibradas com o uso das demais.

Em certas tradições, representam também princípio da ação, enquanto as mornas indicam manutenção e as frias, transformação.

ACÔNITO
Função: diminui a potência de situações difíceis
Classificação: quente
Modo de usar: spray e assentamentos

ALHO
Função: proteção e defesa espiritual
Classificação: quente
Modo de usar: banho, spray e assentamentos

ARECA-BAMBU
Função: proteção de ambientes
Classificação: quente
Modo de usar: spray e assentamentos

AROEIRA
Função: descarrego
Classificação: quente
Modo de usar: spray e assentamentos

ARRUDA
Função: proteção espiritual, afasta espíritos obsessores
Classificação: quente
Modo de usar: banho, spray e assentamentos

ASSA-FÉTIDA
Função: limpeza energética
Classificação: quente
Modo de usar: spray e assentamentos

AZEVINHO
Função: para assentar energia, criar raiz
Classificação: quente
Modo de usar: spray e assentamentos

BARDANA
Função: fortalece o sistema imunológico, regenera, vitaliza, traz autoconfiança e perspicácia
Classificação: quente
Modo de usar: banho e assentamento

BATATA-DOCE
Função: descarrego
Classificação: quente
Modo de usar: banho, spray e assentamentos

BELADONA
Função: imunidade
Classificação: quente
Modo de usar: banho, spray e assentamentos

BELDROEGA
Função: abre caminhos
Classificação: quente
Modo de usar: spray e assentamentos

BREDO
Função: quebra feitiço
Classificação: quente
Modo de usar: spray e assentamentos

CABEÇA-DE-NEGO
Função: descarrego
Classificação: quente
Modo de usar: spray e assentamentos

CACTO
Função: absorve negatividade
Classificação: quente
Modo de usar: assentamentos

CANA-DE-AÇÚCAR
Função: traz prosperidade
Classificação: quente
Modo de usar: banho, spray e assentamentos

CANSANÇÃO
Função: abre caminhos
Classificação: quente
Modo de usar: spray e assentamentos

CARRAPICHO
Função: limpadora, contra síndrome do pânico, estresse, fadiga, e abre caminhos
Classificação: quente
Modo de usar: spray e assentamentos

CARDO-SANTO
Função: abre visão espiritual
Classificação: quente
Modo de usar: spray e assentamentos

CATINGUEIRA
Função: espanta negatividade
Classificação: quente
Modo de usar: spray e assentamentos

COMIGO-NINGUÉM-PODE
Função: proteção
Classificação: quente
Modo de usar: assentamentos

CRAVO VERMELHO
Função: vitalizador e gera impulsividade
Classificação: quente
Modo de usar: banho, assentamentos e ornamentos

CUMANÁ
Função: proteção
Classificação: quente
Modo de usar: assentamentos

DANDÁ-DA-COSTA
Função: afasta situações indesejáveis
Classificação: quente
Modo de usar: assentamentos

DRAGOEIRO
Função: afasta inveja
Classificação: quente
Modo de usar: assentamentos

ERVA-DE-BICHO
Função: equilibra, revela doenças e problemas escondidos, acelera a vibração energética do corpo e expele miasmas
Classificação: morna
Modo de usar: assentamento

ERVA-PREÁ
Função: limpeza espiritual
Classificação: quente
Modo de usar: assentamentos

ESTRAGÃO
Função: traz poder
Classificação: quente
Modo de usar: banho, spray e assentamentos

FACHEIRO-PRETO
Função: destrói energias negativas
Classificação: quente
Modo de usar: assentamentos

FIGO-DO-INFERNO
Função: concentra energias
Classificação: quente
Modo de usar: assentamentos

FIGUEIRA AFRICANA
Função: aproxima Exus
Classificação: quente
Modo de usar: assentamentos

FIGUEIRA-DO-DIABO
Função: proteção espiritual
Classificação: quente
Modo de usar: spray e assentamentos

GENGIBRE
Função: potencializador masculino, dá vitalidade, fogo e é cicatrizante
Classificação: morno
Modo de usar: banho, defumação e assentamentos

GERÂNIO
Função: traz equilíbrio
Classificação: quente
Modo de usar: assentamentos

HIBISCO
Função: fortalece o sistema imunológico, regenera, vitaliza, ajuda a ter pés no chão e noção de necessidade
Classificação: morno
Modo de usar: banho, spray e assentamentos

JABORANDI
Função: aceitação, autoperdão e ajuda a encontrar missão pessoal
Classificação: morno
Modo de usar: banho, spray e assentamentos

JENIPAPO
Função: fortalece a libido
Classificação: quente
Modo de usar: banho, spray e assentamentos

JUREMA-PRETA
Função: para combater feitiço
Classificação: quente
Modo de usar: assentamentos

JURUBEBA
Função: fortalece campo vibratório
Classificação: quente
Modo de usar: assentamentos

LARANJEIRA
Função: traz prosperidade, energiza, purifica, traz mais leveza à alma, limpa memórias negativas e combate a sensação de solidão
Classificação: morna
Modo de usar: banho, bate-folha e defumação

LIMÃO
Função: transmutação energética, desenrola situação difícil, encaminha espíritos obsessores. Usado para Exu Mirim.
Classificação: morna
Modo de usar: bate-folha, defumação e assentamentos

MAMINHA-DE-PORCA
Função: limpeza energética
Classificação: quente
Modo de usar: assentamentos

MAMONA
Função: aproxima Exu
Classificação: quente
Modo de usar: assentamentos

MANDACARU
Função: absorção de energias negativas
Classificação: quente
Modo de usar: assentamento

MARMELO
Função: traz resignação e superação
Classificação: quente
Modo de usar: banho, spray e assentamentos

MORCEGUEIRA
Função: descarrego
Classificação: quente
Modo de usar: assentamentos

OLHO-DE-POMBO
Função: cria condições para mudanças
Classificação: quente
Modo de usar: assentamentos

ORA-PRO-NÓBIS
Função: traz força
Classificação: quente
Modo de usar: spray e assentamentos

PAU D'ALHO
Função: corta feitiços e obsessão
Classificação: quente
Modo de usar: assentamentos

PIMENTA
Função: multiplicador, traz potência, vigor e proliferação, revela o que está escondido
Classificação: quente
Modo de usar: ornamentação, defumação e assentamento

PINHÃO
Função: traz limpeza
Classificação: quente
Modo de usar: banho, spray e assentamentos

PIXIRICA
Função: resolve problemas
Classificação: quente
Modo de usar: assentamentos

QUIXAMBEIRA
Função: traz proteção
Classificação: quente
Modo de usar: assentamentos

TAJUJÁ
Função: descarrego
Classificação: quente
Modo de usar: assentamentos

TINTUREIRA
Função: limpeza
Classificação: quente
Modo de usar: assentamentos

TIRIRICA
Função: dissolve e vitaliza
Classificação: quente
Modo de usar: assentamentos

URTIGA
Função: limpeza espiritual
Classificação: quente
Modo de usar: assentamentos

VASSOURINHA-DE-BOTÃO
Função: descarrego
Classificação: quente
Modo de usar: assentamentos

VETIVER
Função: traz prosperidade
Classificação: quente
Modo de usar: banho, spray e assentamentos

XIQUE-XIQUE
Função: proteção espiritual
Classificação: quente
Modo de usar: assentamentos

Lista de Ervas de Pombagira

ABACAXI
Função: traz prosperidade e autoconfiança
Classificação: quente
Modo de usar: banho, spray e assentamentos

AMORA
Função: capta vibrações negativas
Classificação: quente
Modo de usar: banho, spray e assentamentos

AMÊNDOA
Função: magnetizadora
Classificação: quente
Modo de usar: banho, spray e assentamentos

AMOR-PERFEITO
Função: purifica ambientes
Classificação: quente
Modo de usar: spray e assentamentos

CEREJA
Função: traz amor
Classificação: quente
Modo de usar: banho, spray e assentamentos

ROSA VERMELHA
Função: desperta paixão e sensualidade
Classificação: quente
Modo de usar: banho, spray e assentamentos

UVA
Função: favorece a fertilidade
Classificação: quente
Modo de usar: banho, spray e assentamentos

Pedras de Exu

As pedras abaixo são consagradas a Exu. São utilizadas em rituais e magias assim como com terapias complementares.

Todo desequilíbrio físico e psíquico deve ser tratado com os profissionais de saúde: médicos e psicólogos com apoio de terapeutas. O uso de pedras é apenas complementar.

As pedras podem ser utilizadas próximas ao chacra básico ou ainda utilizadas em pingentes, anéis ou carregadas na bolsa. Como todos os cristais, o uso é apenas temporário, nunca permanente.

AZEVICHE: pedra muito usado na magia. Serve para proteger contra energias negativas e obsessões. Ajuda a assumir o controle sobre a própria vida e protege os negócios.

CIANITA: ajuda a quebrar bloqueios energéticos. Seu uso também colabora no combate a negatividade e no contato com a espiritualidade.

ESPESSARTITA: apoia o tratamento contra a depressão e ameniza problemas sexuais.

GRANADA PRETA: trabalha o entusiasmo e a potência sexual. Serve como talismã de proteção. Fortalece o instinto de sobrevivência e combate a autossabotagem. Aumenta a autoconfiança. Acelera o metabolismo e os problemas celulares, purificando e energizando o sangue. Reduz inibição.

HESSONITA: aumenta a autoconfiança, ajuda no tratamento de fertilidade e impotência. Ajuda a resolver problemas ligados ao olfato.

JASPE VERMELHO: ajuda no prazer sexual e na imunidade do corpo. Alinha o chacra básico e apoia a cura de problemas ligados ao sangue e ao fígado.

MAGNETITA: pedra que atrai o amor e transmuta as energias negativas. Serve também para aterrar energias densas.

MELONITA: ajuda a trabalhar a resistência física e psíquica. Apoia o tratamento de câncer e paralisias.

OBSIDIANA: serve de proteção ao ataque de energias negativas. Ajuda no autocontrole, revelando também aspectos obscuros em nossas vidas. É uma pedra utilizada para quebrar paradigmas e comodismos. Repele também pensamentos obsessivos e cruéis. Aumenta também a virilidade.

OBSIDIANA FLOCO DE NEVE: promove o desapego. É muito utilizada para a concentração e meditação. Muito utilizada nos tratamentos de pele e olhos.

OBSIDIANA LÁGRIMA DE APACHE: serve para proteger o campo eletromagnético, afastando pensamentos ruins e tristezas. Ajuda em processos em que um indivíduo tem dificuldades em perdoar. Terapeuticamente é utilizada para quem tem problemas com vitamina D.

PIROPO: ajuda a promover o carisma e a vitalidade. Apoia o alinhamento dos chacras.

RODOLITA: ajuda a alinhar a sexualidade, sobretudo resolvendo problemas ligados a frigidez.

SAFIRA PRETA: ajuda a desenvolver a sabedoria espiritual. Também utilizada para problemas ligados a tireoide e expressão pessoal. Serve igualmente para equilibrar os chacras.

SARDONIX: pedra que traz felicidade e estabilidade no casamento e nas sociedades. Serve também para proteger espaços contra roubos. Além disso, aumenta a força de vontade, resistência e vigor. Ajuda a fortalecer o sistema imunológico, absorvendo a negatividade.

TECTITA: intensifica a comunicação com espíritos e a intuição. Equilibra os chacras e o fluxo energético. Também utilizada para processos de fertilidade, equilibrando o yin e yang. Previne também a transmissão de doenças, em seu aspecto energético.

TURMALINA PRETA: é uma das pedras mais importantes em magias com Exu. Ela purifica ambientes quando combinada com outros cristais e ancora energia da terra. O ideal é que seja utilizada em forma de bastão. O cristal combate a vitimização e falta de sentimento de merecimento. Quando combinada com a turmalina vermelha combate a frigidez e a impotência sexual. É também muito utilizada para combater magia, quando combinada com quartzo rosa e mica. É o cristal mais importante para tratar do sistema imunológico.